窓と建築をめぐる 50のはなし

WINDOWOLOGY

監修　伊香賀俊治／五十嵐太郎／清家剛／塚本由晴／YKK AP 窓研究所

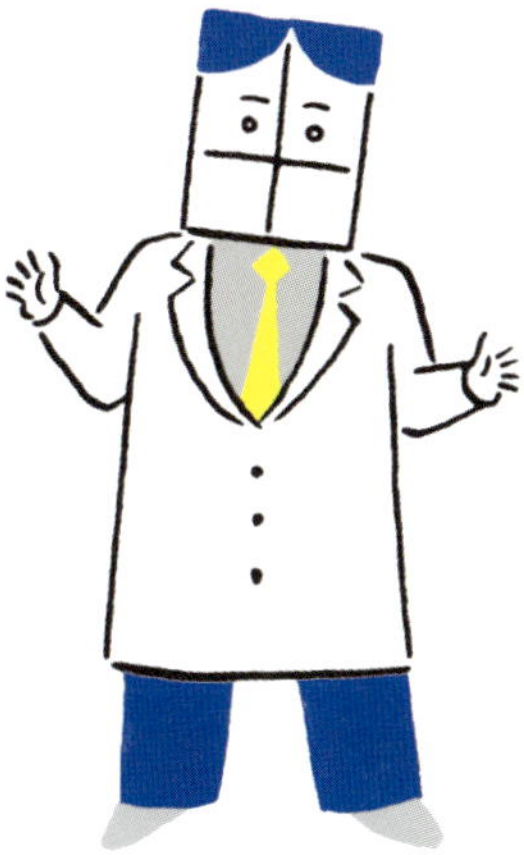

WINDOWOLOGY

CONTENTS

CHAPTER
03—やさしくわかる窓の歴史

案内人／窓博士

CHAPTER

04 ― 世界をめぐる窓の旅

CHAPTER

05 ― 人と地球にやさしい窓

p.006-007　ユニテ・ダビタシオン（フランス）
p.009　ラ・トゥーレット修道院（フランス）
p.010　ル・コルビュジエのアパートメント＆アトリエ（フランス）
—
上記の写真すべてホンマタカシ

Unite d'habitation, Marseille, France (2007)

「窓学」とは

「窓学」とは文字通り、窓を通して、建築のことを考える学問です。窓は建築の表情をつくるだけではなく、外部と内部の結節点であり、光、風、視線などが行き交い、人々のふるまいにも強く関わります。したがって、窓学にはいろいろな切り口が想定できるでしょう。図書館の分類法に哲学、歴史、地理、社会科学、自然科学、技術、産業、芸術、言語、文学などのジャンルが用いられていますが、窓学も「窓の○○学」（たとえば、窓の歴史学）というバリエーションが様々に設定できるのではないかと思います。つまり、まさに窓を通じて、世界、あるいは森羅万象をのぞいてみようという知的好奇心あふれる取り組みです。その結果、窓はあくまでも建築の一部なのですが、実はもっとも魅力的な部位なのではないかということが伝われば、幸いです。なお、これは窓のメーカーであるＹＫＫ ＡＰが、２００７年に開始したリサーチ・プロジェクトです。最初はいくつかの研究室から始まり、毎年新しい参加者が増え、さらに建築以外の専門家や海外の研究者にも協力いただき、研究は様々な分野に発展し、２０１３年には窓研究所が設立されました。

本書は窓学の10周年を記念し、より多くの人に知ってもらうべく、これまでの研究成果から、その一部をわかりやすく紹介するものです。本書を読んだ後、見慣れた窓の見方がきっと変わるはずです。

五十嵐太郎（東北大学大学院教授）

La Tourette Monastery , France (2017)

Appartement-atelier de Le Corbusier , France (2016)

CHAPTER

01

街並を彩る美しい窓

小さな街を見守るバルコニーの窓

写真1　世界文化遺産に登録されているバレッタでは、バルコニーの修復・取り替えを行う際は、既存の構成部材をすべて正確に再現することが義務づけられている。マルタ文化遺産修復研究所では、塗料に含まれている化学物質等を分析することでバルコニーが建設された年代を特定し、保存・修復方法の情報を職人に提供している

バレッタは、シチリア島とアフリカ大陸のあいだに浮かぶ島国マルタ共和国の首都。街の中心となるリパブリック通りをはじめ、多くの通りが坂道で、劇場的な雰囲気に包まれています。特に印象的なのが、建物から張り出した「ガラリア」と呼ばれるバルコニー。形や素材、色の異なるバルコニーの反復によって、リズミカルな街並を形成しています（写真1）。それぞれの建物の施主は確認申請の認可後、修復の施工費をマルタ環境計画局に預けることになっていて、計画通りに修復を行った場合のみ計画局が施工費を払うという仕組みで街並が維持されています。さらに、高度な技術を有した職人を育成するため、木製バルコニーの修復訓練校も運営されています。

防衛のために生まれた室内バルコニー

15世紀、根城《ねじろ》としていたロードス島を追われた聖ヨハネス騎士団（のちのマルタ騎士団）は、マルタ島に本拠地を構えました。1565年、地中海の覇権をめぐる激戦のすえに島を守り

右）写真2　初期のオペラボックス
左）写真3　防御用の室内バルコニー

右）写真4　18世紀になると開放型バルコニーの上部に屋根をあしらった簡易的なバルコニーが出現
左）写真5　19世紀に大流行した安価な木製室内バルコニー

抜いたマルタ騎士団は、バレッタに難攻不落の要塞都市を建設したのです。**写真2**は、「オペラボックス」と呼ばれる初期のバルコニーです。17世紀ヨーロッパで流行していたバロック様式がバレッタにもたらされたのでしょう。降雨量が少なく、森のないバレッタでは、木材ではなく石材が用いられました。

窓の変遷は街の歴史をうつす鏡

17世紀末になると、騎士団長は街の様子をみて歩けるように、館の外周に歩き回れる廊下を設けたといいます。防衛上の理由から、通りの角に同じようなバルコニーを設置する条例が定められ、建物の角に室内型バルコニーが取り付けられていきます（**写真3**）。

しかし18世紀になって異教徒の脅威が遠のくと、バルコニーの様式も変化し、防衛的な要素は影を潜めていきました（**写真4**）。その後フランス軍によって騎士団が追放されると、バレッタはイギリスの統治下に置かれることになり、イギリスが持ち込んだ大量の木材によってバルコニーの木化が急速に進みました（**写真5**）。さらに20世紀には木材よりさらに軽量の金属製バルコニーが登場。こうして現在のバレッタの街並は形成されました。

この、形式の変遷を一度にみることができるのが、バレッタのバルコニーのおもしろいところです。窓の変化をみることで、歴史的な背景を読み取ることができるのです。

漁港に輝くクリスタル回廊

サンルームの作業場から始まった

スペインの北西部のア・コルーニャは、ユネスコの世界文化遺産にも登録されている海辺の街です。この街の大きな特徴が、通りに面して並ぶ建物の窓。キラキラと輝く窓の連なり（写真1・2）は、クリスタル回廊と呼ばれ、訪れる大勢の観光客を楽しませます。

もともと漁港として栄えていた街の海岸沿いの家々には、漁網や海産物を干すために「ソラーナ」と呼ばれる日当たりの良いバルコニーがついていました（写真3）。18世紀の末に、ソラーナにガラス窓が追加され、サンルーム形式の作業場のスタイルが定着します。それは、連続する上げ下げ窓、腰壁、カーテンボックスで構成され、木枠は白く塗装されるという特徴をもつものでした。これがやがて、街路や広場に面した住居にも普及します。そして海岸沿いのラ・マリーナ通りでは、19世紀から20世紀にかけて集合住宅の立面全体にこれが取り付けられ、壮大なクリスタル回廊の街並が形成されるに至ったのです。

写真3　ソラーナが連続する風景

反復する美しさが人を魅了する

写真のように、建物によってデザインは少しずつ異なりますが、上げ下げ窓や腰壁、白い塗装などは共通しています。この美しさが評判となり、それに魅力を感じた人たちが集まって街の価値を上げていく、ということを繰り返し、今ではこれらの集合住宅は高級住宅となっています。生活のなかでの必要性から生まれた窓が、街並を形成し、やがて街全体に影響を及ぼし、住民層まで変えてしまう。窓のもつ力が、社会を変えていくことを示す例といえるのかもしれません。

写真1　ア・コルーニャ、ラ・マリーナ通りに並ぶ集合住宅の立面（合成加工）

写真2　ラ・マリーナ通りの風景。1階部分はアーケードが続き、カフェなどが入っている

広場を囲む美しいフレンチ・ウィンドウ

図1
木造の切妻妻入りの家屋。16世紀末の大火災の後、1604年に木造建築が禁止された

図2
石造平入りの家屋。木造建築の禁止以降、石造の建築が増加した

フランスのパリ、リボリ通りの街並には、広場に面した通り沿いの建物1階にさまざまな店構えの窓が並びます。

その上階部分の縦長のフレンチ・ウィンドウ（両開きの掃き出し窓）が、規則的に反復する美しい都市風景をつくっています（写真）。

街路を囲むフレンチ・ウィンドウ

通りに面したほとんどの建物は6階建て程度の建物です。ひとつの建物は3層で構成され、1層目にあたる低層部分に店舗、2層目以上に住宅、3層目に屋根裏部屋をもちます。最上階の屋根から、明かり採りであるドーマー窓が垂直に突き出すデザインです。各階のフレンチ・ウィンドウは華々しく装飾がほどこされ、それぞれに小さなバルコニー部分が設けられています。

19世紀後期、ナポレオン3世統治下のパリは、汚水などで劣悪な都市環境に悩まされていました。当時の知事だったジョルジュ・オスマンはパリ大改造という大規模な都市整備事

写真　フランス、パリのリボリ通りの街並立面（合成加工）

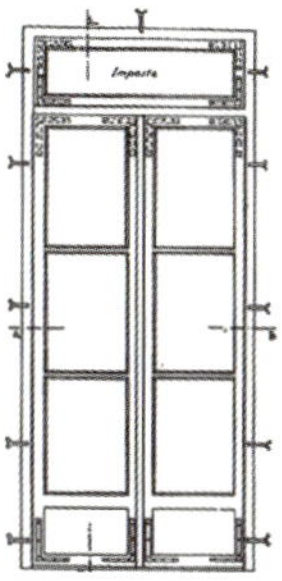

図3
縦長の両開き窓。室内環境を良くするために縦長の窓が狭い間隔で反復して並べられるようになる

図4
18世紀のファサードの例。不動産開発の規制により、窓の種類や位置が制限された

図5
19世紀オスマン改造後のファサードの例

業に取り組みました。通り沿いの3層構成の建築形式は、このパリ大改造の時代に生まれたオスマニヤンというスタイルです。

　街区に沿って似たような建物が壁面線を構成し、そこにずらっと窓が並ぶパリの典型的な通りの姿は、この時代に確立されました（図1〜5）。人が集まる広場や通りは、建物の壁面に囲まれるようにしてつくられます。

窓辺と広場の均衡のある関係性

　このフレンチ・ウィンドウをもつ建物は、都市において個人と公共のバランスの良い関係性を築いています。

　たとえば、すべてガラス張りの建物では、室内から人が見下ろすと、広場にいる人は「みられている」という感覚をもちます。また、広場から室内をみたときも、室内の様子がすべて分かってしまうので、住人は「みられている」と感じてしまいがちです。

　しかし、フレンチ・ウィンドウのある建物ならば、視線をある程度制限できるので、住人と広場の関係に均衡を保ち、相互にとって居心地の良い空間をつくり出します。

　リボリ通りをはじめとするパリの街並は、個人の生活空間（＝プライベート）と広場（＝パブリック）が互いに絶妙なバランスで保たれて、多くの人が過ごしやすい都市をつくっているのです。

職人がつくる貝入り格子窓の街

フィリピン、ルソン島北部のヴィガンの街は、歴史都市としてユネスコの世界文化遺産に登録されています。その特徴のひとつとなっているのが、貝を使った窓の連なりです（写真1）。

紙の代わりに貝を使う

ヴィガンの街は、16世紀にスペインの植民地となりました。街並はそれ以降の、スペインの影響を受けた建築群が中心です。もともと竹や木の高床式住居が、スペインから持ち込まれた石造へと変わっていったのですから大きな変化です。1740年にはバハイ・ナ・バト（石の家、の意）と呼ばれる都市住宅が富裕層に広がったと伝えられています。

しかし窓については、植民地となる以前に、中国から障子が伝わっていたようです。ヴィガンでは、紙よりも身近だった貝を加工して木製の格子に入れ込み、光を透過させるカピス・ウィンドウが生まれました（写真2）。

バハイ・ナ・バトでもこの窓は踏襲され、石造の1階では両開きなどの通気窓が、木造の2

写真2　カピス・ウィンドウを内側から見る

写真3　カピス貝をカッターで切削して成形する。貝の大きさが決まっているので、一定間隔の格子の意匠が連なることになる

写真1　フィリピン、ヴィガンのクリソロゴ通りの街並立面（合成加工）。1階は石造で両開き戸、2階は木造でカピス・ウィンドウが入っている

階ではカピス・ウィンドウが用いられています。カピス・ウィンドウは、貝の大きさの制約から格子の大きさがおのずと決まってきます（写真3・4）。そのため、一定間隔の格子が連なる美しい街並が形成されていくことになりました。20世紀以降の近代化のなかで、貝に代えて半透明や色付きのガラスが用いられることも増えていましたが、世界遺産登録を機に、制度や生産体制にも変化がみられるようになっています。

景観を保護する規制と職人の育成

ヴィガン市では2009年、市内の歴史的建築物保存地区の建造物修復に関するガイドラインを作成し、外観を損なわないよう、躯体・窓・屋根などについて素材や製作方法に制限を設けました。窓については、カピス・ウィンドウもしくは同様の印象を与える窓にすることなどの規定を定めています。また、フィリピンの首都マニラにある建築の職業訓練学校では、スペイン植民地時代の建造物の保存・修復の技術を継承する授業が行われており、ここで学んだ学生が保存・修復を担う職人へと育っています（写真5）。

中国文化の影響を受けて生まれたカピス・ウィンドウは、スペイン統治の時代を経て、異文化が複合した街並を形成しました。また、それらを歴史的な資源ととらえることで、次世代に受け継がれるよう環境が整えられてきているのです。

写真5　職業訓練学校の様子

写真4　カピス貝と木枠を組み立てる

住まい手に受け継がれる伝統の街並

写真2　「雲」のほどこされた肘木

写真3　伝統的な木格子

岐阜県、飛騨市の古川町は、住人たちが自主的に伝統的な街並を維持しているめずらしい地区です（写真1）。

伝統的な街並に使われるアルミサッシ

古川の町家は、平入りの真壁造（柱や梁が露出した壁）で、出窓や出格子が柱間のリズムに合わせて反復して並びます。屋根の軒先の、「雲」という装飾がほどこされた肘木や垂木の先端は白く塗られ、それぞれの町家のデザインがそろう景観がつくられています（写真2）。

開口部は、出格子、出窓、玄関戸、車庫扉などを含め、茶系統の木製や木質調にして、周囲から浮くことのない色彩を使うように推奨されています（写真3）。近年では、1階の修景をはじめ玄関引戸、2階の出窓などに木製の出格子のようなアルミのパイプが用いられます（写真4）。

地域が「そうば」を守る仕組み

古川町では、街並の調和を乱さない暗黙の

写真1　飛騨市古川町の街並立面（合成加工）。先端が白く塗られている軒先の装飾「雲」

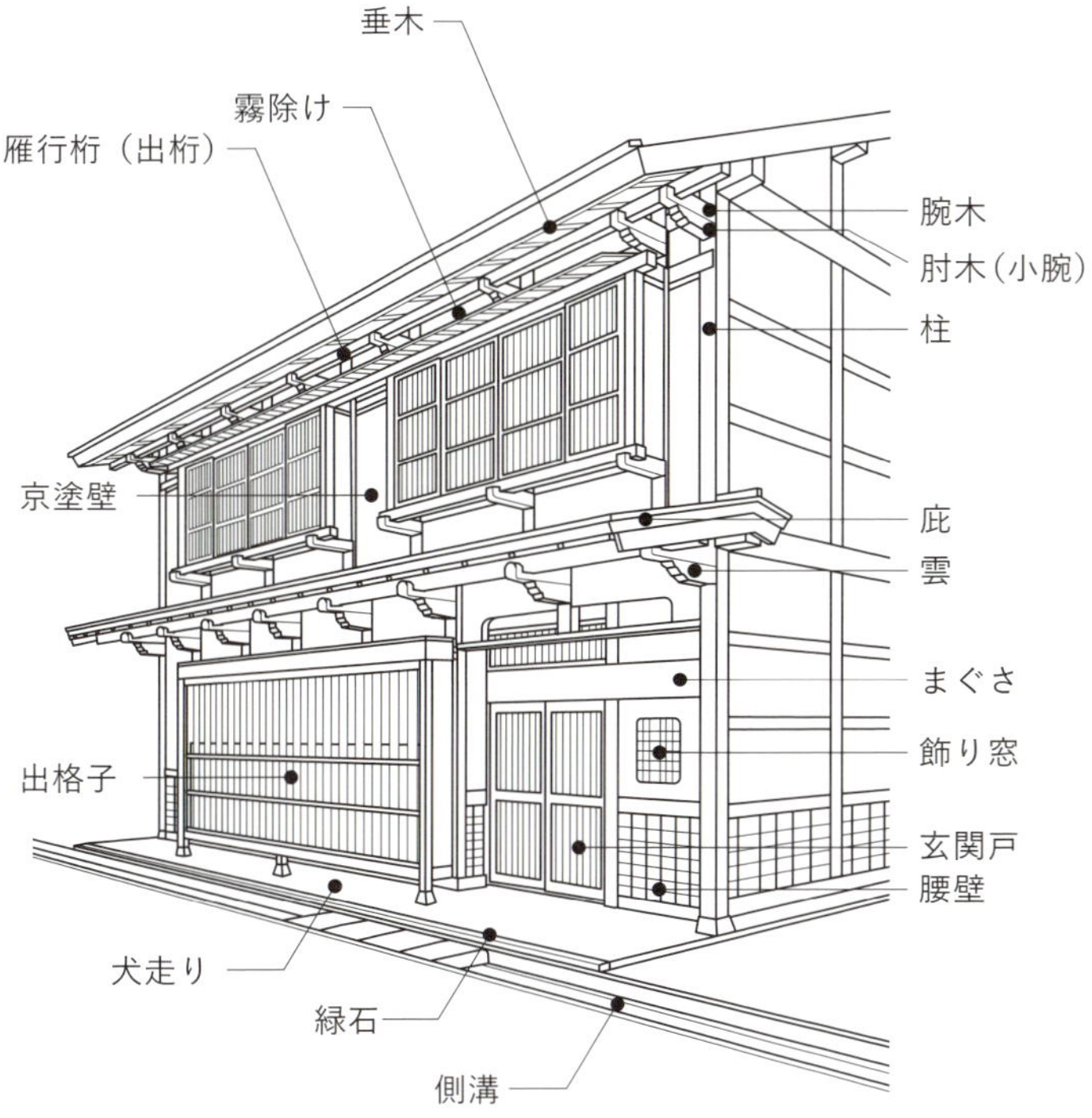

図　町屋の部材名称の解説（『伝統市街地における建築デザイン・ガイドライン〜暮らし・祭り・匠の舞台作りのために』より）

写真4　木格子を模したアルミ出窓

約束を「そうば（相場）」といい、調和を崩すことを「そうば崩し」と呼んで嫌います。自分たちの街にふさわしい家の形式、窓の形式を人々が知っているということです。そのため、地域で配布される「伝統的市街地における建築デザイン・ガイドライン」（図）では、建築部位の名称が細かく紹介され、壁面線や軒高をそろえた木造2階建てにすることが推奨されています。

街全体の景観を考慮した住宅デザインが地域内で共有されています。

窓に集まる人と自然と街並のふるまい

01 MADOGAKU ARCHIVE

建築家・東京工業大学大学院教授
塚本由晴 ／ TSUKAMOTO YOSHIHARU

２００７年から「窓学」が始まって10年になります。私たちの研究室では、'07～'09年の３年間で「窓のふるまい学」に取り組みました。その後、'10～'12年の３年間は、「窓と街並学（のちに街並の系譜学）」を、そして'14年、'15年は「窓の仕事学」の研究を行い、現在は別のテーマに取り組んでいます。

ふるまい学のコンセプト

「ふるまい」は、毎日繰り返し行われたり、ある条件がそろったときに当然のように再現されます。また、ふるまいは人間ばかりでなく、光や風、温度や雨、湿度といった自然現象や、建物をとりまく植物や、動物にもみられるものです。私は、こうしたさまざまなふるまいのような、反復されるもの、繰り返されるものが建築デザインの有効な資源になると考えています。そして、窓は人や光、風のふるまいが最も集まる建築部位です。

一方、建物の外に出てみると、道沿いにはたくさんの窓が並んでいます。世界各地の窓には、その地域固有の気候条件や慣習や文化が反映されていることが分かります。隣同士で建物のデザインは異なっていても、窓のデザインは類似しているのです。窓が通り沿いに反復するかのように並んでいるのも、窓自体のふるまいといえるでしょう。つまり、人のふるまい、自然のふるまい、窓そのもののふるまい、この３つについて調査・比較検討し、多様な事物のふるまいへの配慮の総合として、建築デザインをエコロジカルにとらえなおすことが、ふるまい学の基本的なコンセプトになります。

古くから文明が栄えた都市の窓

調査地選定の際、手始めに極端な事例をみたかったので、寒さや暑さ、乾燥など、気候条件が著しく厳しい土地を考えました。ところが、下調べの段階で、このような土地は人口が少なく、窓のあり方を左右する社会的関係が濃密でないことが分かりました。最終的に私たちが選んだのは、古くから文明が栄え、昔から人が住んでいる都市です。伝統的な窓から近代化された窓までを一度にみられる都市では、多くの魅力的な窓に出会うことができます。

たとえば、トルコの都市サフランボルの窓もそのひとつです（写真１）。伝統的な家屋が多く残るこの街の窓は、出窓に木の格子がはまっているのが特徴です。イスラムの規律で外に姿をみせることを許されない女性が街を眺められるように配慮されています。格子の効果で光がぼ

右から
写真1　サフランボル「にじみの窓」
写真2　スリランカ「影の中の窓」
写真3　プロチダ「窓の中の窓」

写真4　アムステルダムの街並

わっとにじんだようにみえるので、「にじみの窓」と呼びます。にじみの窓よりさらに積極的に光を採り入れているのが、スペインのサンチャゴ・デ・コンポステイラの窓です（→76ページ）。ガラスの窓で囲まれた空間を、私たちはサンルームではなく「光の部屋」と呼んでいます。

一方、スリランカのピンナワラにある仏教寺院宿舎の窓は、涼を得るために日射を遮断した「影の中の窓」です（写真2）。窓にはガラスが入っていません。熱帯モンスーン気候地帯のスリランカでは、影をつくって、風を取り入れることがとても大事なのです。

海上からも目視できる大きな開口部が目を引くのが、イタリア南部のナポリにほど近い島・プロチダにあるアイオレッラの住宅です（写真3）。ここでは、大きなアーチの中に、小さな生活の窓があります。大きなアーチは沖で漁をする男が我が家を見極めるための窓であり、小さい方は水廻りや必要に応じて生まれた窓です。寝室などの生活の役割に応じて、異なるスケールが重なり合う「窓の中の窓」といえます。

窓の系譜と維持する制度

世界各地の窓を調査するなかで気づいたのは、魅力ある歴史的な街並をもつ街では、古い窓を文化資産として認め、保存活動を行っていることでした。そこで4〜6年目に取り組んだ「窓と街並の系譜学」では、歴史的窓の系譜とそれを守るための制度・生産・手法についての調査を行いました。

調査地は、世界文化遺産に登録されている街が中心になっています。住んでいる人へのインタビューに加え、系譜を守る立場で働く建築家や行政官にもできる限りはなしを聞きました。

オランダの首都アムステルダムの運河沿いの街並（写真4）は、一見すると似たような窓ですが、よくみるとガラスの大きさや素材が異なっていることに気づきます。一番古い窓は吹きガラス製法の時代のもので、ガラスが小さく、ステンドグラスをつくるのと同じように鉛でつなげているため、非常に重くなっています。時代が進むにつれ、石製だったフレームは木製に変わり、上げ下げ形式の窓が登場します。さらに近代に入って大きな板ガラスの製造が可能になると、フレームも次第にゆったりとしてきます。しかし、どの時代の窓も構造を外壁に残し、人が操作する限りにおいてサイズはそろっています。このように、ひとつの街並のなかで、窓の歴史的展開をみること

写真5　濱田庄司記念益子参考館の作業場

写真6　参考館の作業風景

ができます。同様の調査を日本を含むアジアでも行いました。

人と自然とともに働く窓

日本各地のものづくり工房の窓を調査したのが、7、8年目の「窓の仕事学」です。

私は「民芸」が好きで、工房をよく見学させてもらいます。そこでの作業は工業化される前のままなので、高温、高圧は用いられず、窓から入ってくる光や風、窓から出ていく蒸気や熱が、人と一緒に働いていることに気づきました。伝統的なものづくりでは、部屋の中で火を焚くことが多く、煙、湯気、熱が発生していました。そのため、排煙、通風、採光と、窓は生産過程で重要な役割を果たしています。

栃木県の益子にある濱田庄司記念益子参考館は、窓を通して目と手、土、光、風が一緒に働いている例です（写真5・6）。陶芸では手の感覚がとても大切ですが、軒の深い作業場の窓から差し込む光は、ろくろで器を成形する際に手元を照らします。器の表面の凹凸をみるのに障子で弱められた横からの拡散光が当たっていることが分かります。また、成形後の器は、ろくろ作業場の上に設けたスペースで乾燥させるため、窓からの通風も重要です。

同じ益子の日下田紺屋は、藍染めの工房です（→128ページ）。藍染めは繊細で複雑な工程を必要とします。ここでは複数の窓によって温度や熱や排煙の管理が行われていました。

ほかにも、年に数か月しか使われない島根の柿乾燥小屋の窓（→126ページ）や、沖縄海塩研究所の製塩のためのブロック窓（→130ページ）など、ものづくりを支える窓の調査を各地で重ねました。

窓の仕事学を通して気づいたのは、一見すると別のカテゴリーに属しているように思われる人と窓と仕事が、実はひとつのネットワークを築いています。どれかひとつが欠けても仕事は成立しません。こうした観点でとらえると、窓は、どこにでもある外部の自然要素を、ある工程にとって非常に意味のあるものに変化させる役割を担っているのだと思います。

空調が完備された都会のオフィスビルとは異なり、窓で光や風や熱などを調整するものづくり工房では、自然とのかかわりがとても濃密で、人々の感覚が研ぎすまされていると感じました。そして、そこには人間としての成長と熟練、洗練された知性がありました。

CHAPTER

02

身近な窓の基本の「き」

窓は私たちの暮らしを守る関所

なぜ窓が必要なのか？

建物は、暑さや寒さ、雨や風、あるいは強い日差しなどから身を守るシェルターともいえます。しかし建物内で人が快適に過ごすためには、光も風も入らない「箱」にするわけにはいきません。そこで、採光や通風のため窓が必要になります。

ただ、窓や扉は内部の環境を良くすると同時に、悪くする原因にもなりがちです。開口部からは、本来出入りさせたくないものまで出たり入ったりしてしまうのです。たとえば大きな窓は、冬、たくさんの日光を採り入れて内部を暖かくする一方で、外からの冷気が入ってくる侵入口にもなりかねません。窓には、入れたい（出したい）ものは積極的に入れ（出し）、入れたくない（出したくない）ものは遮断する機能が求められるのです。

入れたくないもの、出したくないもの

室内へ最も入れたくないものは水です。防水技術が発達した現代では、雨漏り（漏水）は即「欠陥」とされます。ガラスは割れない限り水を通すことはなく、サッシも工業製品なので、窓からの漏水はサッシ廻りに限られます。

まれに複数の工事業者がかかわるビルの窓で不具合が生じると、原因の特定は難しくなります（→40ページ）。

水の次に問題になるのが熱でしょう。アルミサッシの普及により、冬の隙間風は少なくなりましたが、ガラスやサッシから伝わってしまう熱を、気密性を高めるだけでコントロールすることはできません。そこで、ガラスを2重、3重にしたり、サッシの素材を考慮したりすることで対応されています（→34ページ）。

このほか、音や火も開口部から出入りさせたくないものです。音が、窓よりも換気扇のための換気口（ここも開口部のひとつ）から漏れてしまうことが多いことは、意外に知られていません。火の侵入を防ぐためには、割れ落ちてしまわない網入りガラスなどが使用されます（→30ページ）。

窓から入れたいもの、出したくないもの

項目	求める性能	外部	窓	内部
人	自由な出入り	←―	――	―→
火	防火・耐火	―→		←―
水	水密性	―→		
熱	冬［光は通すが 熱を逃さない］			←―
		←―	――	――
	夏［光は入れるが 熱は入れない］	――	――	―→
		―→		
光	採光	――	――	―→
空気	気密	―→		←―
	通風・換気など	←―	――	―→
音	外部騒音	―→		

暮らしを彩るさまざまな窓

図1　窓の動きと名称

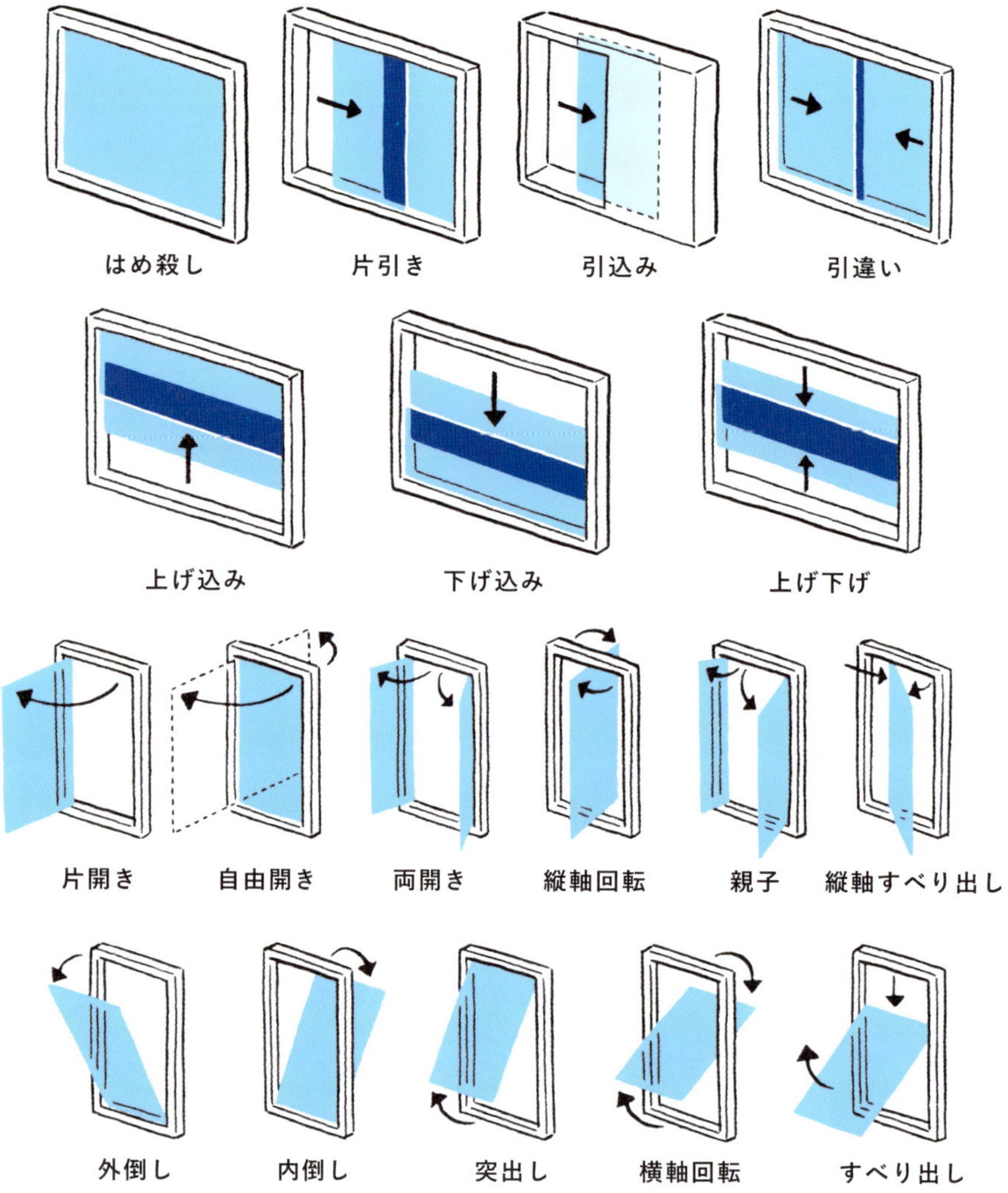

一口に「窓」といっても、さまざまなタイプの窓があります。たとえば戸建て住宅を例にすると、リビングから庭に出るための大きな掃《は》き出《だ》し窓、寝室の腰窓、トイレや浴室の換気のための窓、玄関脇の採光する窓などなど。それぞれに役割があり、大きさや位置、開き方なども違ってきます。

横か縦か、押すか引くか

まず窓の開閉方式には、図1のようなものがあります。最もシンプルなはめ殺し窓はＦＩＸ窓とも呼ばれ、ガラスが入っているだけの開かない窓ですが、それ以外はいずれも開閉して内外をつなぎます。

日本で最も普及しているのは引違いタイプの窓です。2枚のガラス部がそれぞれ左右に動きます。ガラス部が3枚以上になると、左右どちらか一方に動かす片引きタイプになることが多いようです。4枚のうちの2枚ずつが左右に開くものもあります。左右の動きに対して上下に動くのが上げ下げ窓です。

図2　窓の高さと名称

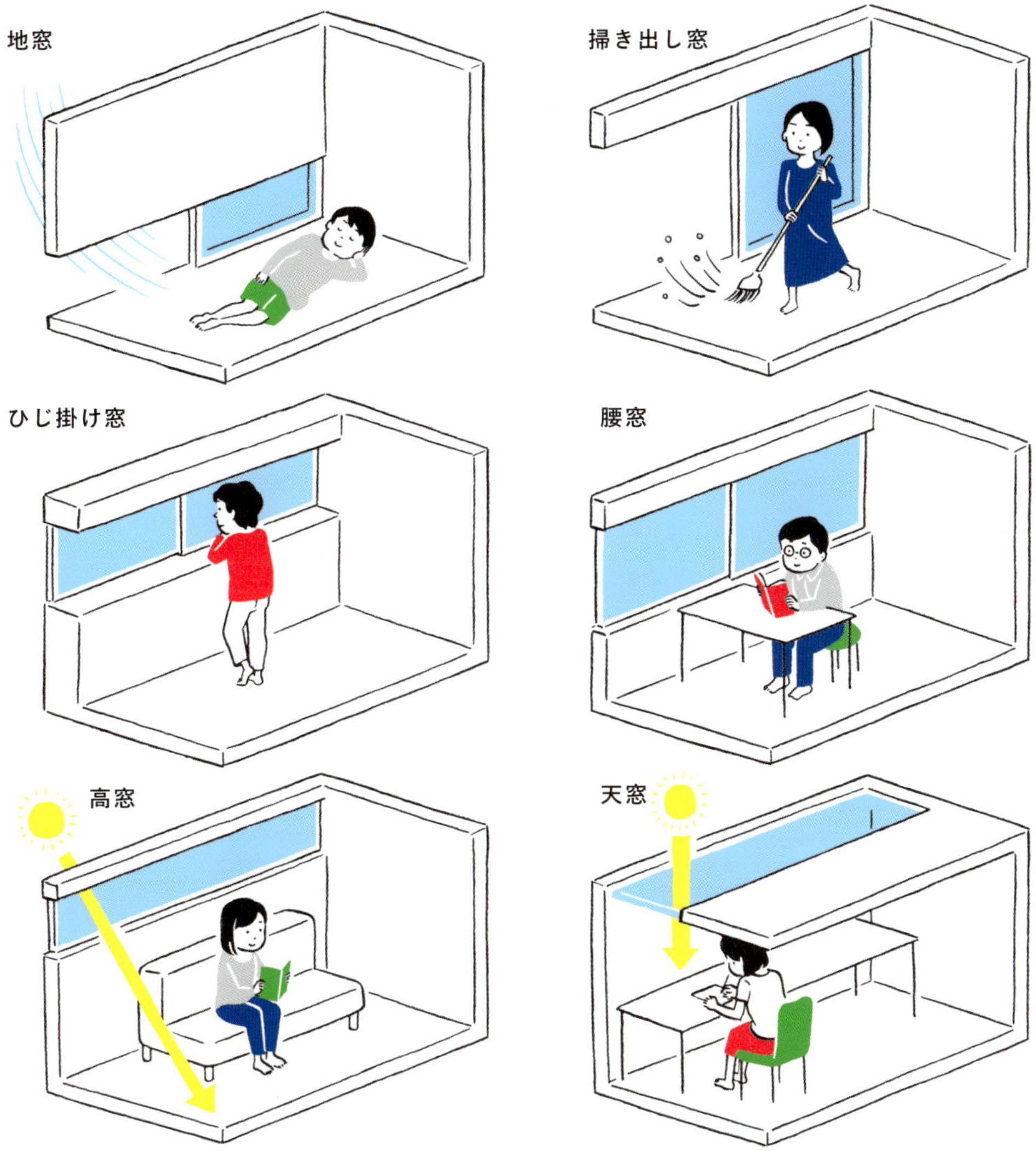

ここまでは縦横が違うだけでいずれもスライドさせるものでしたが、蝶番《ちょうつがい》や特殊な金物を使って窓を動かすタイプの窓もあります。

片開き窓には、外開きと内開きがあります。気密性が高いので、省エネ化が進む新築住宅で採用が増えています。内倒しや突き出しのタイプは、蝶番が上や下にあって、主に通風を得るために使われることが多いでしょう。

どんな動きをする窓であっても、開けるにはなにか目的（通行、通風、掃除など）があるはずです。その目的に応じて、適切なタイプを選ぶことが大切です。

高いか低いか、大きいか小さいか

開閉方式とは別に、使われる場所や大きさによっても、名称が異なります（図2）。

冒頭で例に挙げた掃き出し窓は、窓の下端が床レベルにあるタイプ。床のゴミを外に「掃き出す」ことからこの名称になったといわれています。窓の下端が床レベルあるいはそれに近い位置でも、高さの低い窓は地窓《じまど》と呼ばれ、和室などでよくみられます。気圧の違いにより、空気は低いところから高いところに動くので、地窓があると地窓から高い位置の窓へと風が抜けていきます。

住宅密集地などでは、隣家と視線がバッティングしないように、かつ十分な採光ができるように、高窓（ハイサイドライト）や天窓（トップライト）が採用されます。

割れないガラスってあるの？

一昔前、殺し屋に狙われるマフィアのボスが防弾ガラスに守られた車に乗って——というようなシーンをドラマや映画でよくみかけました。ガラスは割れるもの、というイメージが強いため、割れないガラスは特別感を演出するのに都合がよかったのでしょう。

では、現在流通しているガラスにはどのような種類があるのでしょうか。ガラスは、自動車や電子部品などに幅広く使用される建材ですが、主な建築用板ガラスとしては左ページのようなものが挙げられます。

火には強いが割れやすい網入りガラス

フロート板ガラスは、最も一般的なガラスで、単に「ガラス」といえばこのフロート板ガラスを指すことが多いでしょう（→36ページ）。ただし現在、新築の建物に限っていえば、フロート板ガラスをそのまま窓ガラスとして使用する例は減っていて、断熱性をはじめなんらかの機能を備えたガラスを採用する例が多くなっています。

目でみてすぐにフロート板ガラスと違うと区別できるのは、網入りガラスです。水平垂直や斜めに格子状のワイヤーを入れたものや縦にワイヤーを入れたものがあり、割れてもこのワイヤーによってガラスが飛散しないのが特徴です。火事の際、熱せられて割れても脱落しないため、建築基準法で定められる「延焼の恐れのある部分」の窓に使われる防火設備ガラスとしても利用されます。

ひとつ注意したいのは、網入りガラスの強度自体は決して高くないことです。ガラスに異物のワイヤーが入っているので、同じ厚さのフロート板ガラスより強度は劣ります。ワイヤー入りで、一見強そうにみえるため、トップライトなどに用いられた網入りガラスの上に人が載ってしまい、破損・落下する事故も起こっています。

進化が続く機能ガラス

強化ガラスは、フロート板ガラスの3倍の強度をもたせたもので、割れにくい特性をもつとともに、万が一割れても粒状に砕けるので、ガラスの破片によるケガを防げます（↓32ページ）。

合わせガラスは、複数枚の板ガラスのあいだに合成樹脂の中間膜を挟み込んだものです。冒頭で触れた防弾ガラスも、この合わせガラスのひとつで、複数のガラスのあいだに数種類の中間膜を入れることで衝撃を吸収し、銃弾の貫通を防ぎます。近年、広がりつつある防犯ガラスもまた、合わせガラスです。これは、中間膜を通常よりも厚くすることで、よりガラスを割れにくくしています。もし割れたとしても割れが広がらないため、穴を開けにくく窓のクレセント解錠が難しいという特性をもっています。

また、公共の場などでは、安全のために強化ガラスを使いつつ、万が一に備えてフロート板ガラスと組み合わせて、合わせガラスにし、割れても飛散しないよう安全性を高める例も増えています。

複層ガラスは、開口部を通る熱をできるだけ少なくすることを目的につくられたもので、2枚あるいは3枚のガラスと中間層で構成されています。ガラスの種類と中間層の性状などによって性能に差があります（↓34ページ）。現在、最も性能の優れた複層ガラスは、中間層の空気を抜いた真空ガラスで、今後、省エネのため高い断熱性を求める傾向によって普及することが見込まれています。

ガラスの種類と特徴

強化ガラス

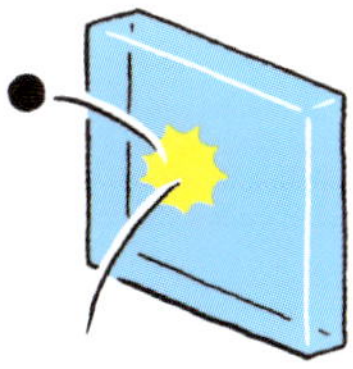

主にフロート板ガラスに熱処理をほどこし、通常のガラスの3倍以上の強度をもたせたもの。割れても破片が粒状に砕けるため、安全性が求められる学校などでよく用いられる

網入りガラス

ガラスのなかに金属の網を封入したもの。網により、割れても破片が飛び散りくいため乙種防火戸として使用される

フロート板ガラス

平滑なガラスで、いわゆる板ガラスはフロート板ガラスのこと。割れると破片が鋭利なため、ケガをする恐れがある

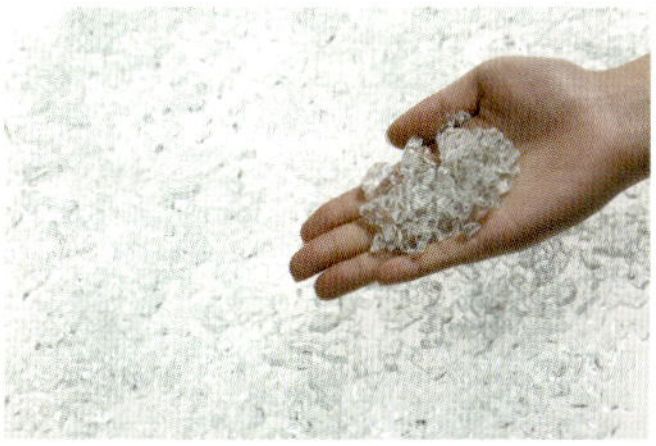

「防災安全カタログ」より

型板ガラス

ガラスの片面にさまざまな型模様を彫り込んだガラスで、視線をさえぎりながら光を採り込む場合などに用いられた。現在日本では生産されていない

複層ガラス

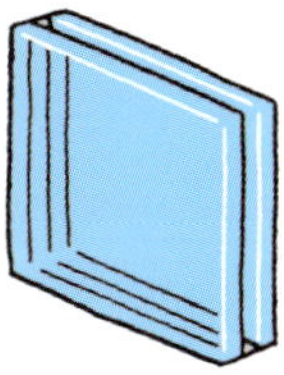

一定の間隔で2枚あるいは3枚のガラスをセットしたもの。ガラスとガラスの中間層には乾燥空気や特殊なガスが封入されており、断熱性が極めて高い

合わせガラス

2枚の板ガラスを中間膜で張り合わせたもの。耐貫通性に優れ、防犯ガラスなどとして使用される。中間膜により、割れても破片が飛散しないため安全性も高い

人にやさしく安全な強化ガラス

ワイヤーがみえる網入りガラスや、向こう側がみえない型板ガラスなどは、ぱっとみて、すぐにフロート板ガラスではないことが分かります。しかしフロート板ガラスと合わせガラス、強化ガラスなどの違いは、一見しただけでは区別できませんし、普段意識することもありません。でも、強化ガラスは、私たちの身近なところで実はたくさん使われているのです。

そのなかでも最も身近なのは、自動車や電車のガラスでしょう。車の窓をみると、隅のほうに強化ガラスを示す「TEMPERLITE」などの文字が入っているはずです。

また最近は大きなガラス面のビルやガラスの手すりなどもよくみかけますが、それらにも強化ガラスが使用されています。

図1　割れにくくて安全な強化ガラス

写真　強化ガラスの破損状態。細粒状に砕ける

ガラスだけでなくガラスを支える構法も進化

強化ガラスは、フロート板ガラスを加熱したのちに急冷することで、ガラス内部の圧縮応力、引張応力の関係を変化させ、強度を3倍強にしたガラスです。

割れにくいことが最大の特徴（図1）で、万が一割れた場合にも粒状に砕けるため、ガラスの破片でケガをする危険が少なくなります（写真）。

この特性により、建築では子どもの安全への配慮から学校の出入口や、ボールが当たる恐れのある体育館の窓にまず採用されました。さらに強化ガラスを使った新しい構法であるDPG（Dot Point Glazing）構法の普及に

図2　強化ガラスを使ったDPG構法

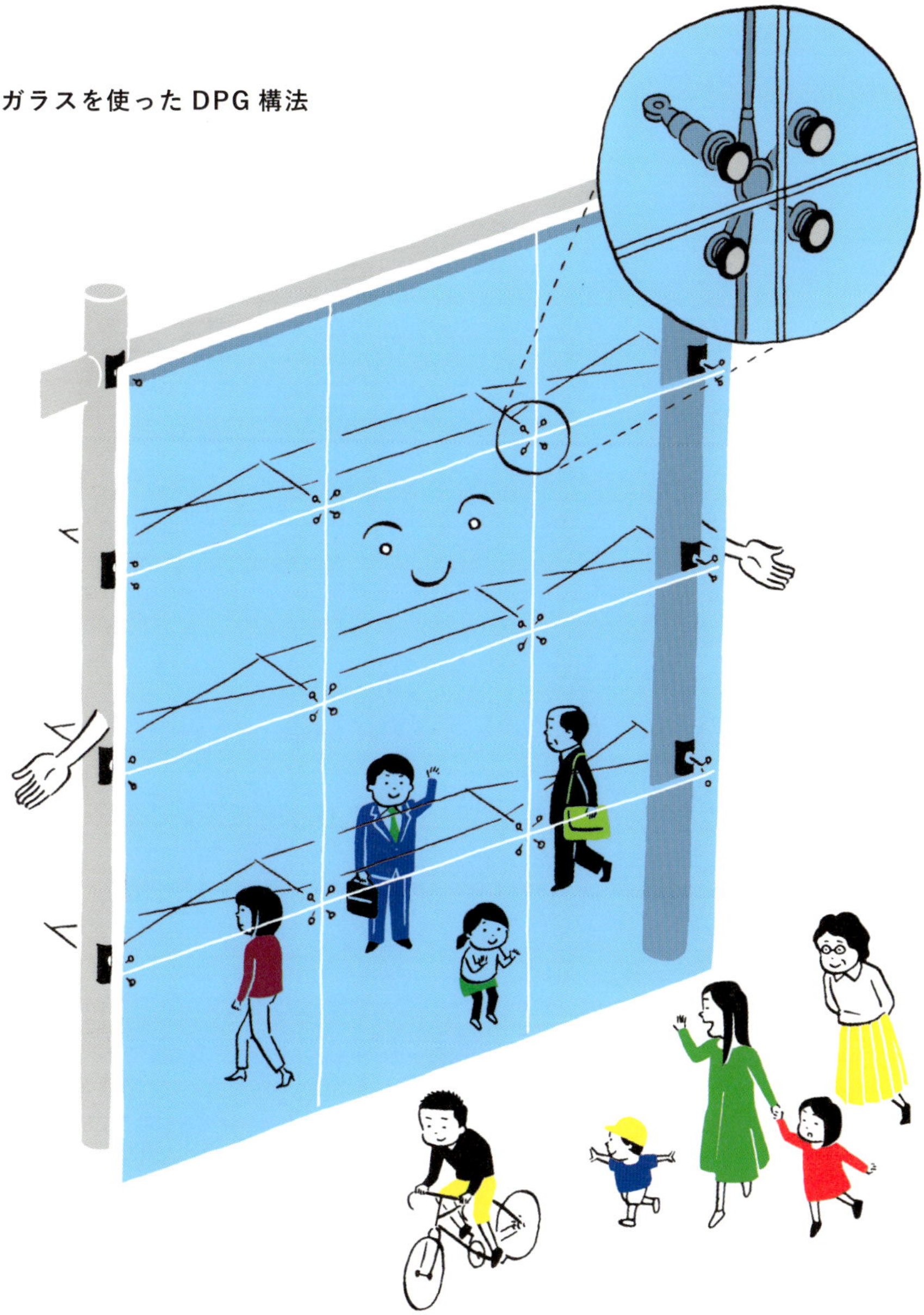

より、一気に建築のあちこちで使われるようになりました（図2）。

それまで、ガラスを支持する方法は、ガラスの縁部分で支える、あるいは上のほうで挟み込んで吊るのが主流でした。これに対してDPG構法は強化ガラスに孔をあけ、その孔に金物を入れて支える、いわばガラスをがっちりとつかむような支持方法です。ビルの足元では、ガラスは風に押される（正圧）だけでなく、引く力（負圧）にも耐えなければならないのですが、DPG構法であればこれにもしっかりと耐えるので、特に大型施設のファサードはDPG構法のガラス張りで施工されることが増えたのです。

合わせガラスにすることでさらに安全性を高める

強化ガラスには、割れにくいという特性がありますが、それでも不特定多数の人が行き交うような場所では万が一の破損に備えて、合わせガラスとして使用されることがほとんどです。フロート板ガラスと接着した合わせガラスにすることで、割れた際の脱落を防ぐことができるからです。

ガラスの巨大化により、窓というより壁全面がガラスのような建物も最近では数多くみられるようになりました。そうしたデザインの変化の陰では、ガラスをめぐる工夫や進化が繰り返されているのです。

時代を切り拓く複層ガラス最前線

新築の住宅では、窓に複層ガラスが採用されることが標準になってきました。複層ガラスは結露防止に有効なので、普及しはじめた頃は北側窓で採用されることが多かったのですが、最近では省エネ意識の高まりもあって、北側だけでなく南側も含めたほぼすべての窓に複層ガラスが採用されることがめずらしくなくなっています。

2枚のガラスと中間層で室内を守る

複層ガラスの一番の特徴は、ガラスが2枚あり、中間層が設けられていることです。中間層により内外の気温差が緩和され、結果として結露の発生も抑えられます。断熱改修で内窓、つまり窓の内側にもう1枚ガラス窓を設置するのも同じ理屈で、要するに外気に触れる窓、空気層、もう1枚のガラス窓という構成にすることで、家の内部は外気の影響を受けにくくなるのです。

これをワンセットで実現するのが複層ガラスですが、さらにガラスをLow-Eガラスという特殊なガラスにしたり、中間層にアルゴンガスやクリプトンガスを封入したり、サッシを樹脂にすることで、より性能を高めた製品が開発されています。要求される性能の高まりに伴い、日本ではめずらしかった、ガラスを3重にするトリプルガラスの窓も、最近ではそれほど特殊なものではなくなってきました。

次世代の主流は真空ガラスへ

ガラス1枚であったものが2枚、3枚と増えれば、それを支えるサッシも、より堅牢さが求められるようになります。そのため部材自体が太くなり、相当な重量となると同時に、窓の奥行き（見込み寸法）もどんどん大きくなります。見込み寸法が増せば、必要な部材の量はさら増えます。

こうした状況に対応して、近年増えつつあるのが真空ガラスを組み合わせたトリプルガラスというものです。真空ガラスは、乾燥空気やアルゴンガス入りの複層ガラスに比べても格段に断熱性能が高いのですが、価格が高いため、これまで普及していませんでした。しかし、一般的なトリプルガラスを使った窓と比較すると軽量で、部材の量をかなり減らすことができるため、窓全体の価格を抑えることができます。

複層ガラスの種類と機能

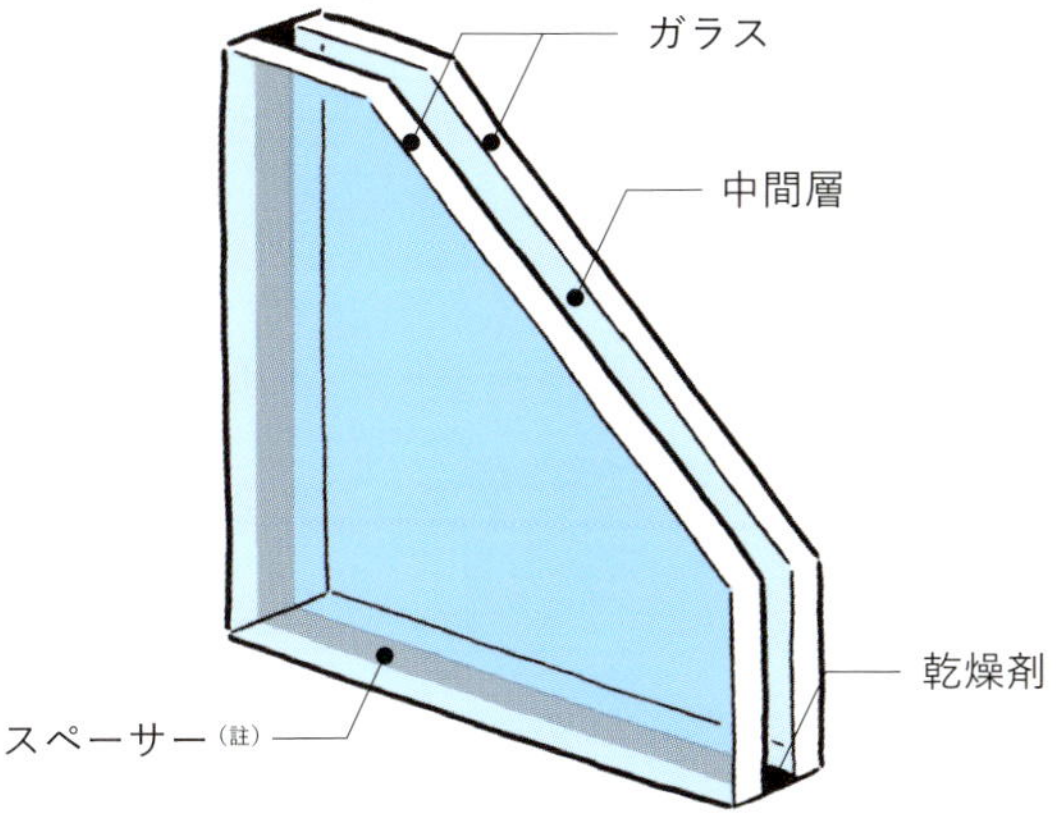

複層ガラスの構成

2枚のガラスと中空層で、室外気候の影響を受けにくくする

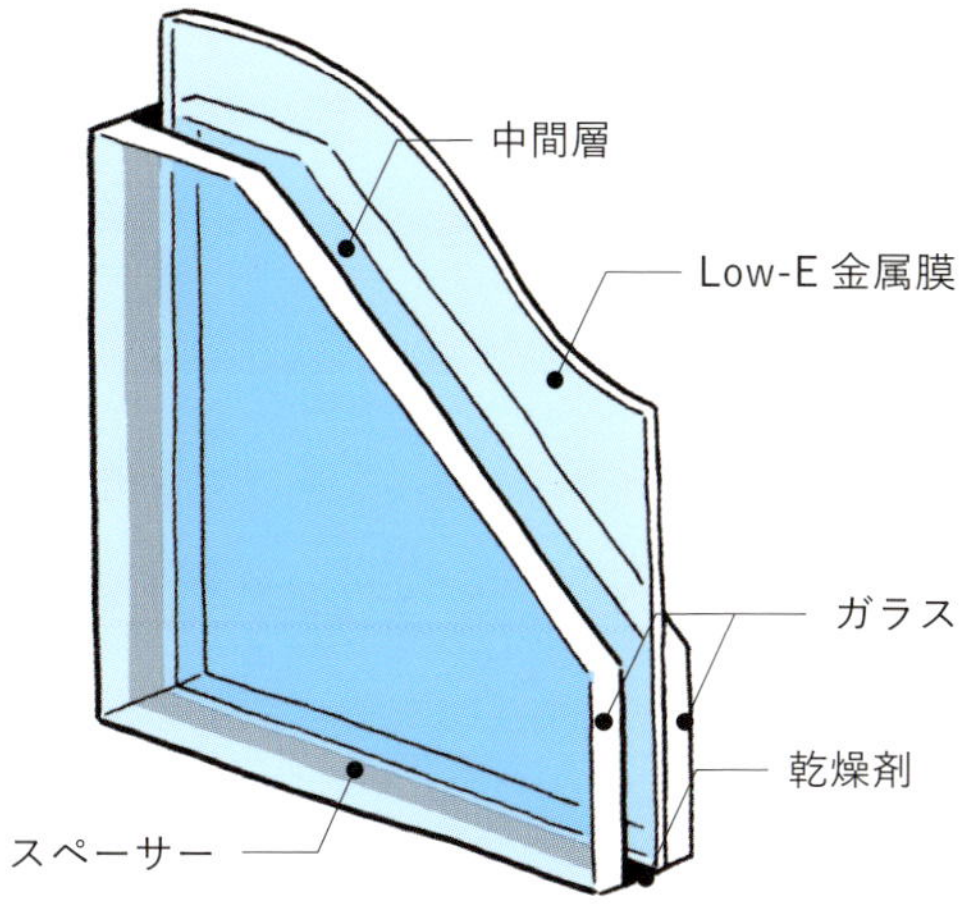

Low-E 複層ガラス（遮熱タイプ）

室外側ガラスの内側にLow-E膜があり、日射をさえぎり、室内への暑さの侵入を防ぐ

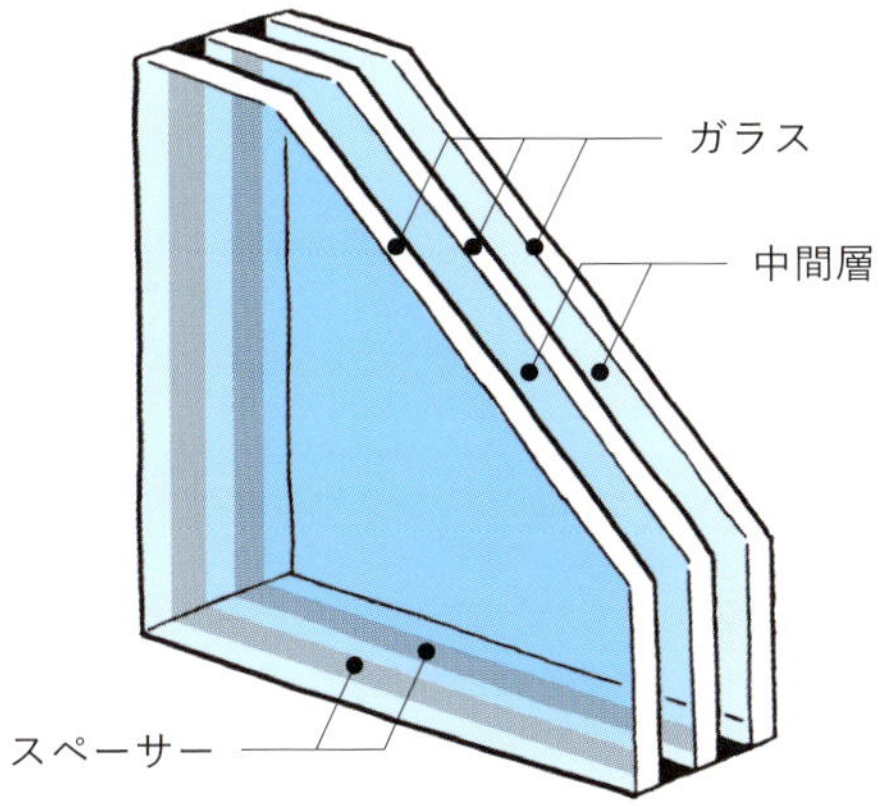

トリプルガラスの構成

3枚のガラス＋中空層で、複層ガラスよりさらに高い断熱性能がある

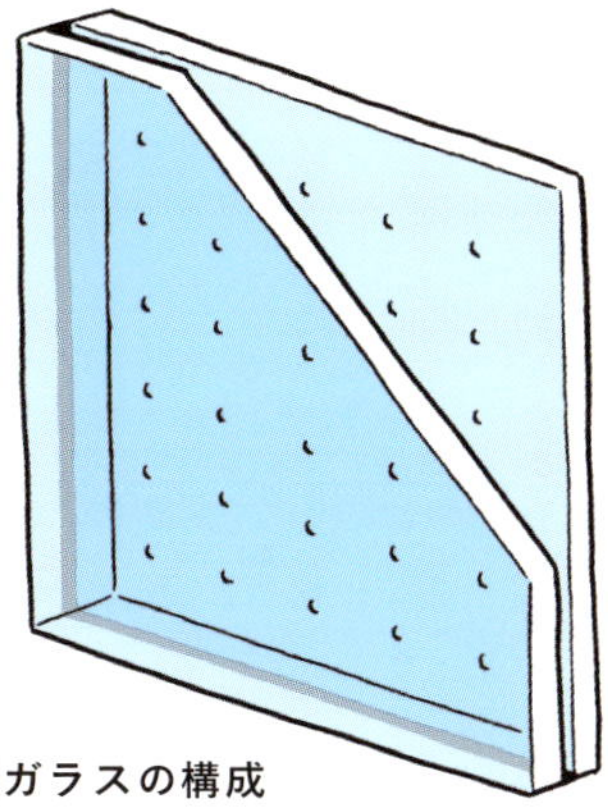

真空ガラスの構成

2枚のガラスのあいだにマイクロスペーサーを挟み込んで、真空状態になってもガラスどうしが密着しないようにして、真空の中空層をつくり出す

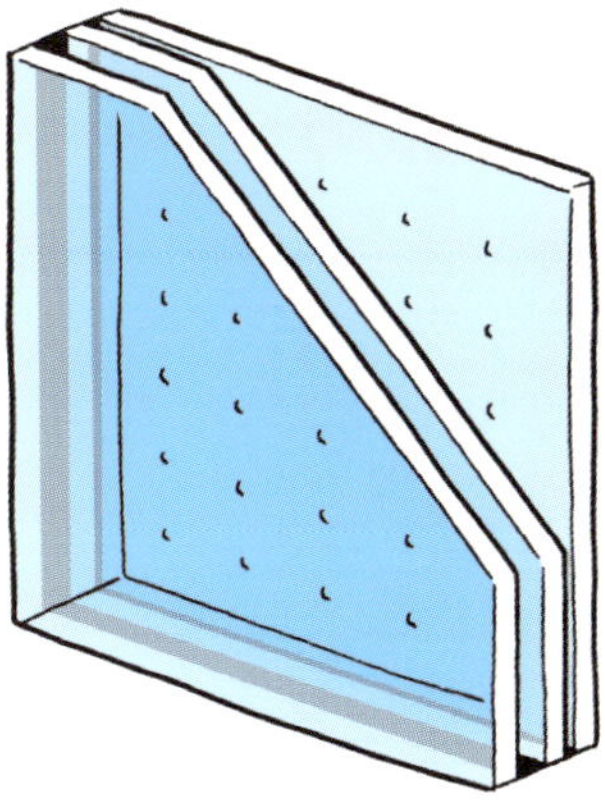

真空ガラス入りのトリプルガラス

室内側に真空ガラスを入れて、断熱性をさらに高める。真空では熱伝導率がほぼゼロになる

（註）ガラスの中間層にある金属部材

どこまで続く？ 長〜いガラス工場

ガラスのひみつ①

窓ガラスはわずかですが緑色をしています。これは、天然原料に微量の鉄分が入っているためです。緑は鉄分の色なのです

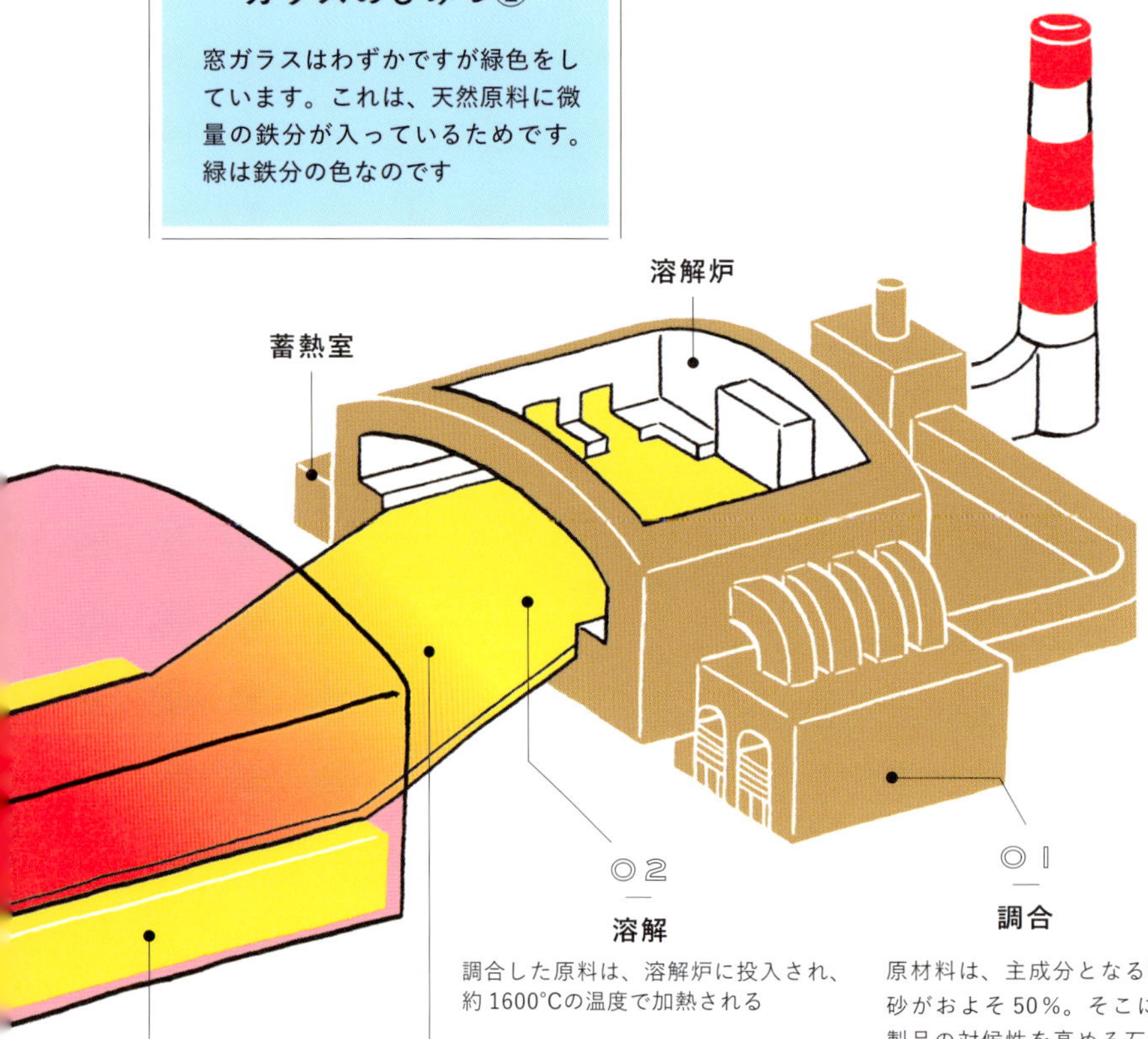

◯1
調合
原材料は、主成分となる珪砂がおよそ50%。そこに、製品の対候性を高める石灰石とドロマイトと砂の溶融温度を下げるソーダ灰を加える。さらに、製造エネルギー節減のために、製造過程で出るカレット（ガラス屑）を調合する

◯2
溶解
調合した原料は、溶解炉に投入され、約1600°Cの温度で加熱される

◯3
フロートバスへ
溶解炉で約1100°Cになったガラス素地は、錫で満たされたフロートバスへと送り込まれる

古い建物を訪れたときなどに、窓越しの風景がゆがんでみえる、と思ったことはないでしょうか。実はこれ、ガラスのせいなのです。

　ガラスは、日本でも江戸時代からギヤマンなどと呼ばれ、なじみのあるものでした。しかし、板ガラスとして一般の建物に使われるようになったのは大正期に入ってから。さらに現在のようなゆがみのない平滑な板ガラスは、戦後の高度成長期になるまでつくられていなかったのです。では、美しくなめらかなガラスはどのようにしてつくられるのでしょう。

浮かべるだけで滑らかなガラスができる

　現在、板ガラスの製造方法で最もオーソドックスなのは、1953年にイギリスのガラスメーカーによって開発されたフロートガラス製法で、建築や自動車、電車の窓などの製造に広く用いられています。これは、フロート（浮かべる）という名のとおり、加熱し溶かしたガラス素地《きじ》をガラスよりも比重の重い錫《すず》の上に浮かべ、表面張力を利用してガラ

ガラスのひみつ②

厚み調整が安定するまでにできた規格外のガラスは、カレットとして工場内でリサイクルされています

04 — **成形** 錫の上を浮かびながら広がり、幅3メートルほどのなめらかなガラスの帯（ガラスリボン）がつくられる

05 — **調整** ガラスの厚みは、ガラスリボンを引出すスピードで調整。またフロートバスの左右に取り付けられたローラーで広げたり、フェンスを築いたりすることで2.5～25ミリメートルまで、目的に応じた厚みに調整する

06 — **冷却** 急激に冷やすとひずみが生じたり、破損するおそれがあるため、ガラスリボンは、長い冷却・徐冷窯を通過しながら徐々に温度を下げる

07 — **仕上げ** 完成したガラスは洗浄、乾燥、チェックを経て、コンピュータ制御されたカッターで必要なサイズに切断され製品となる

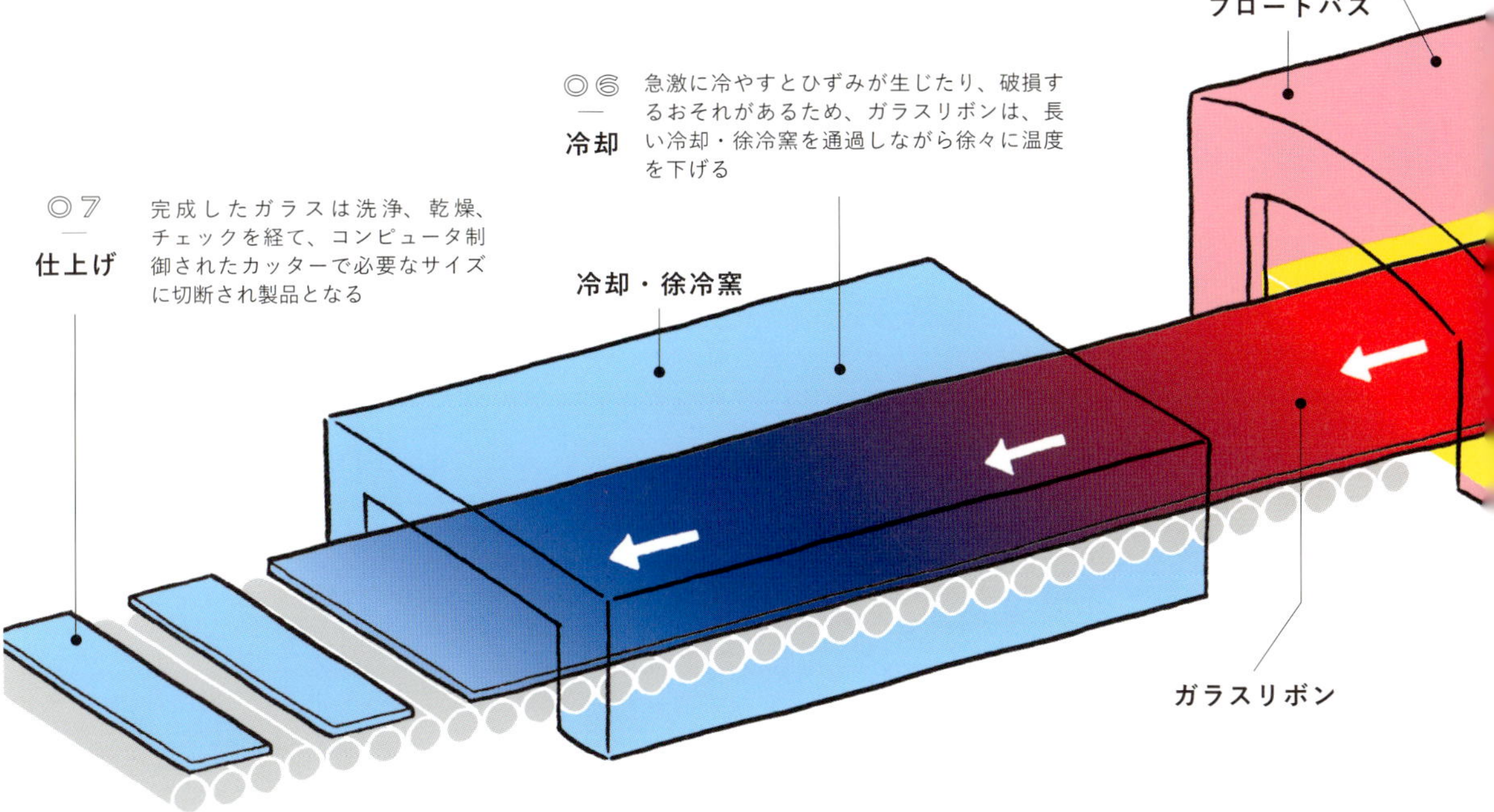

スを板状にする製造法です。

　ここでは、建築用の板ガラスについてみてみましょう。フロートガラス製法に用いられるのは、全長500～800メートル、幅20メートルにも及ぶ巨大な窯《かま》です。

　まず、主成分となる珪砂にソーダ灰、ドロマイト、石灰石《せっかいせき》などを混ぜ合わせ、さらにカレット（ガラス屑）を加えた原材料を溶融炉に投入します。

　約1600℃で溶融し、液状になったガラス素地を約1100℃程度まで冷まし、一定流量で「フロートバス」へ送ります。フロートバスとは、完全な水平を保つ金属である溶融錫の貯蔵槽のこと。溶解したガラス素地はこの錫の上を浮かびながら流れることで、ゆがみのない滑らかな平面のガラスとなります。

ガラスづくりの要は温度管理

　ローラーに載せてもゆがまない600℃程度まで冷却したら、冷却・徐冷窯へと送ります。長い窯の中をローラーでゆっくりと移動することで徐々に冷却し、出口付近ではおよそ200℃に。時間をかけてゆっくりと温度を下げる過程で、温度差で生じるひずみが解消され、美しいガラスが生まれます。

　こうして窯から引き出されたガラスは、洗浄を経て必要な大きさにカットされ、住宅やビルなどの建築現場へ出荷されます。

知られざるドイツの窓事情

窓というと、日本では横に引いて開け閉めする「引違い窓」が圧倒的です。日本の建築では歴史的に、壁以外の部分は障子やふすまなどの建具を開け閉めして空間をつないでいました。「ガラス窓」はこれらの一部に代わるものとして普及したことが、窓＝引違い窓というイメージにつながっているのかもしれません。

しかし28ページで紹介したように、窓は引違い窓だけではありませんし、風土や歴史、環境によってさまざまな窓がつくられ、発展してきました。

ドイツでは内開き・内倒し窓がほとんど

なかでもドイツは特徴的で、ほとんどの建築の窓にドレーキップ窓という形式が採用されています。開き方でいえば、内開き・内倒し窓ということになるのですが、通常は内側にわずかに倒して通風を行い、窓を拭くときや大きく開放したいときには内開きとします。

ドイツでなぜドレーキップ窓が広まったのかは、実はよく分かっていません。開き方の特徴が、ドイツ人の暮らしに合っていたのかもしれません。ドイツは北海道より北の緯度にある寒冷地なので、断熱性能が重視されたということも考えられます。ドレーキップ窓が紹介されても、日本では広く普及することはありませんでしたが、その断熱性能は現在でも評価されており、断熱性能を追求する設計者や工務店が採用する例もあります。

ホームセンターで窓が売られている

ドイツが日本と異なるのは、窓の形式だけではありません。たとえば、ドイツのホームセンターへ行くと、小さな窓は約1万円以下で、トリプルガラスの窓でも3万円程度で売られています。日本のホームセンターと違って、ドイツではホームセンターが業務用建材の流通の一部でもあるので、建築のプロが買うことが前提ではあるのでしょうが、一般の人も買うことができます。素人が、簡単な説明書を読みながら窓を取り付けることは、日本では考えられません。

ドイツの窓のつくり方

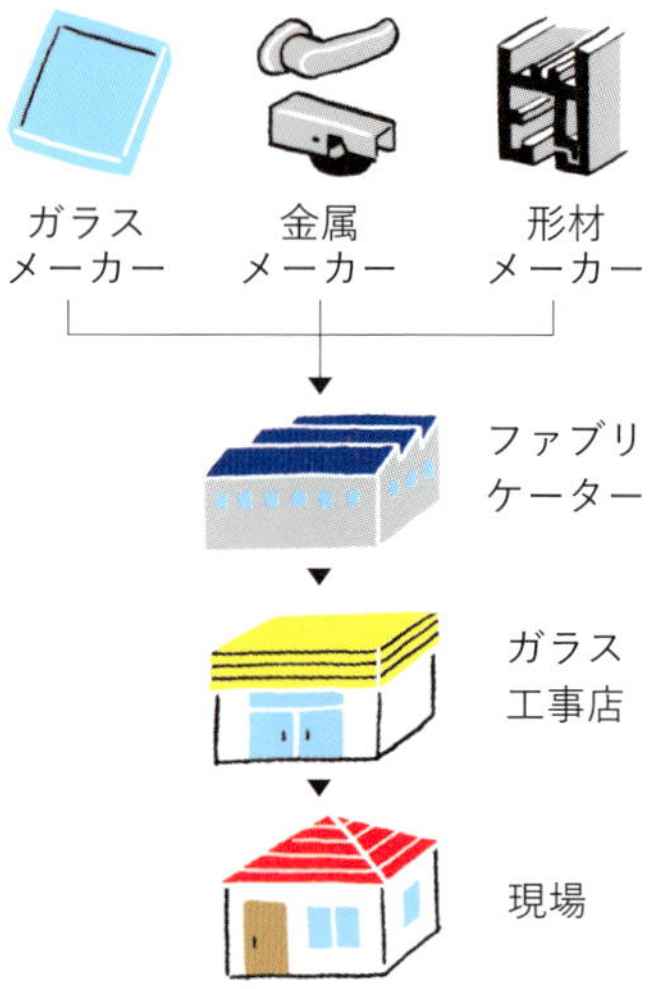

日本の窓のつくり方

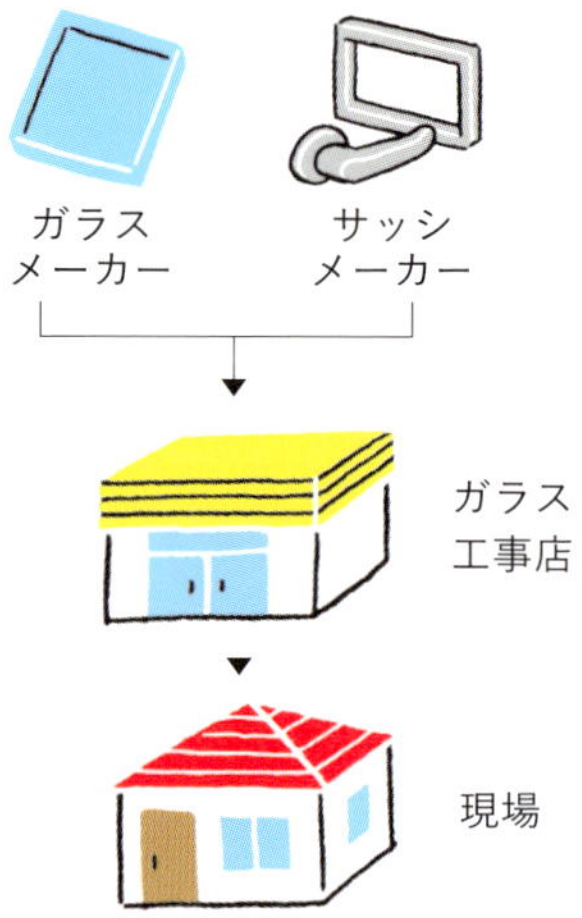

日本とドイツの窓のつくり方の違い

引違い窓が
多い日本
ドレーキップ窓を内開きで開けた状態。大きく開放して換気したいときなどはもちろん、掃除のとき窓の外側も内部から拭くことができる
ドレーキップ窓を内倒しで開いている状態。室内に風を通したいときや換気で少し開けておきたいときに使う

写真3　ドイツのホームセンターで売られている窓。トリプルガラスの入った窓も売られている

また、日本ではサッシメーカーがアルミや樹脂を加工して形材をつくり、ガラスメーカーのガラスと一体化させることで窓が供給されます。しかしドイツでは、42ページのようなアルミの形材をつくる工程を形材メーカーが行い、組み立てるところまではやりません。形材メーカーが成形した部品と、金物メーカーが製作した戸車やハンドルなどの金物、さらにガラスメーカーのガラスが、ファブリケーターと呼ばれる会社に納品されて、そこで初めて窓として組み立てられます。ドイツのような窓の製作工程は、ヨーロッパや中国などでも主流で、日本のような大手サッシメーカーの存在のほうが、むしろめずらしいともいえます。ところ変われば、窓のかたちや開き方だけでなく、売り方やつくり方にもさまざまな違いがあるのです。

理想の窓辺を支える人たち

外部環境から内部を守るシェルターの役割を期待される建築で、最も嫌われるのが雨水の浸入です。屋根からの雨漏りはもちろん、窓廻りからの漏水も「欠陥」として認識されることが多いようです。

たしかにサッシやガラスは工業製品ですから、厳密なものと思いたいところですが、最終的にそれを取り付けるのは工事をする人たち。窓廻りの工事は、何人もの人がかかわる複雑な工事なのです。

住宅の窓取り付け

まず一般的な住宅について考えてみましょう。

木造住宅の場合には比較的簡単です。かかわるのはサッシ販売店とガラス販売店ですが、現在、住宅工事にかかわる町場のサッシ（もしくはガラス）販売店は、ほとんどがガラスとサッシの両方を取り扱っています。家の建設を請け負っている工務店から依頼されたら、指定された製品を組み立てて現場に運び、取り付けます。

もちろん、取り付けに必要な下地材（窓台やまぐさなど、註）は、大工職人たちがあらかじめ準備しています。

以前は、運搬中にガラスが破損することを避けるため、ガラスとサッシを別々に運んで、現場で組み立てていました。しかし近年、敷地に余裕がない都会の建設現場では、あらかじめ組み立てた窓を運び込むことが増えているようです。

入れ替わり立ち替わりの工事手順

取り付けが複雑なのは、鉄筋コンクリート造のビルの窓です。鉄筋コンクリート自体も、鉄筋工、型枠工など複数の職種によってつくられていきますが、窓も同じように職種の異なる複数の専門工事業者がかかわります。

作業工程は、

①躯体《くたい》工事が終わり、ぽっかりと空いている窓部分に、サッシ施工会社の職人がサッシを建て込みます。

②あらかじめ埋め込んでおいたサッシアン

カーと呼ばれる専用の金物に、サッシ施工会社の溶接工がサッシを溶接します。③ガラス施工会社が、組み立て済みのサッシフレームにガラスをはめ込みます。④シーリング工事業者が③のガラスの廻りにシール（シーリング）をほどこして、サッシのガラス溝とガラスの隙間を埋めます。⑤ゼネコンから発注を受けた左官職人が、躯体とサッシ枠の隙間にモルタルを充填《じゅうてん》します。⑥水の浸入を防ぐために、枠とモルタルのあいだにシーリングをほどこします。これでようやく窓の完成です。

鉄筋コンクリート造の窓工事はこれだけ多くの人たちがかかわる工事になるので、仮に窓廻りから漏水があったとしても、実はどの段階で不具合があったのかは分かりにくいのです。

しかもできてしまっている窓を大きく壊すわけにはいかないため、漏水をあとから完全に防ぐのはかなり困難な作業です。

窓廻りからの漏水発生は、基本的には台風のときなど横殴りの雨が吹き付けるときに限られます。つまり、年に数回のこと。しかしながら、室内に水が染み込んでくることのないように、各工程を担う人々は慎重に作業へ取り組んでいるのです。

（註）まぐさとは、窓やドアなどの開口部の上部に取り付けられた横材

鉄筋コンクリート造の窓工事工程

STEP 01 開口部にサッシをセットする

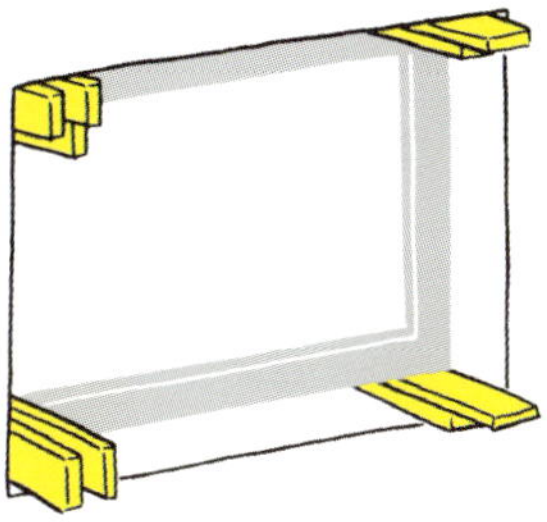

STEP 02 溶接工がサッシアンカーを溶接

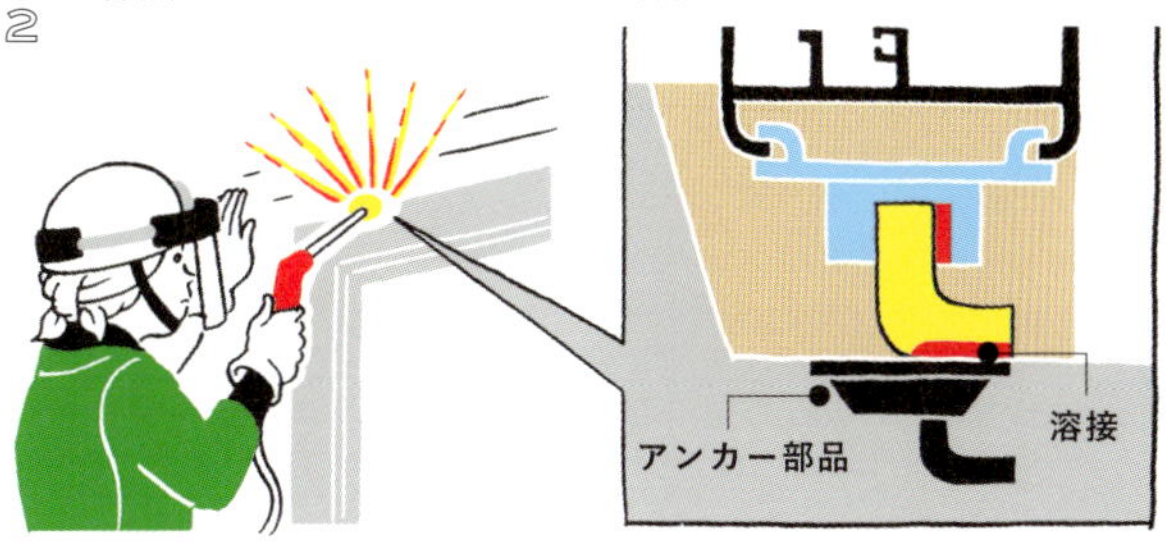

STEP 03 サッシフレームにガラスをはめ込む

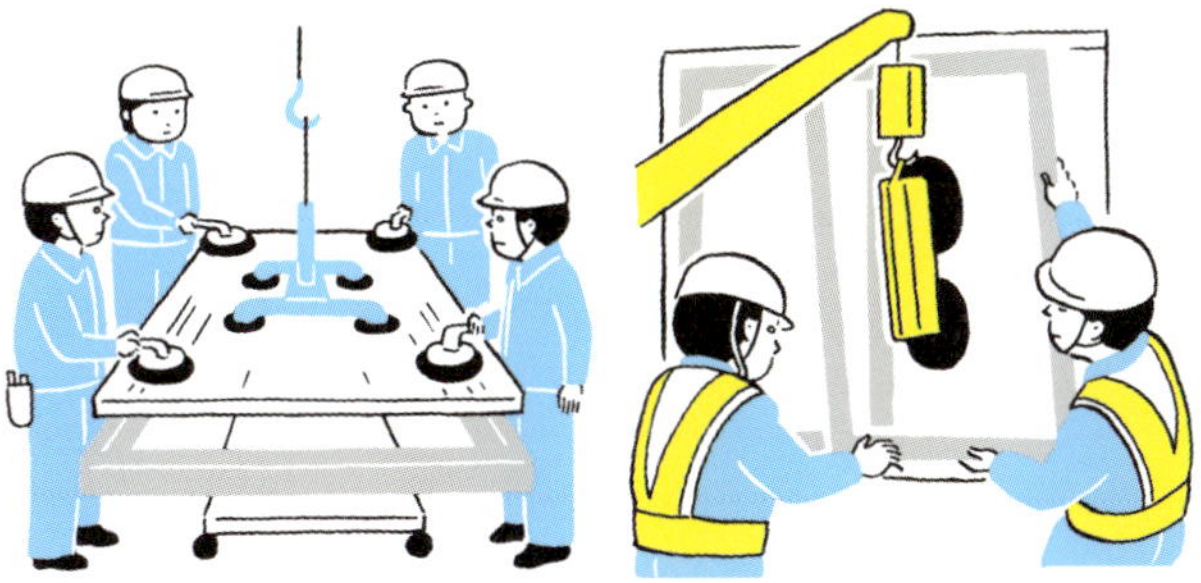

STEP 04 ガラスの周りにシーリングをほどこす

STEP 05 サッシ枠の隙間にモルタルを詰める

STEP 06 枠とモルタルのあいだにシーリングをほどこす

アルミが飛び出すサッシ工場

01

溶解

原料となるアルミ地金を、約1000℃の溶解炉に入れ、溶かす。ここにマグネシウム、シリコンを少量加える

02

ビレット鋳造

溶解したアルミニウムを、円柱状の鋳型に流し込み、急冷して、サッシ原料に適したビレット（アルミ合金のかたまり）をつくる。1本あたりおよそ1.5tのビレットは再度約500℃で加熱し、均質化をはかる

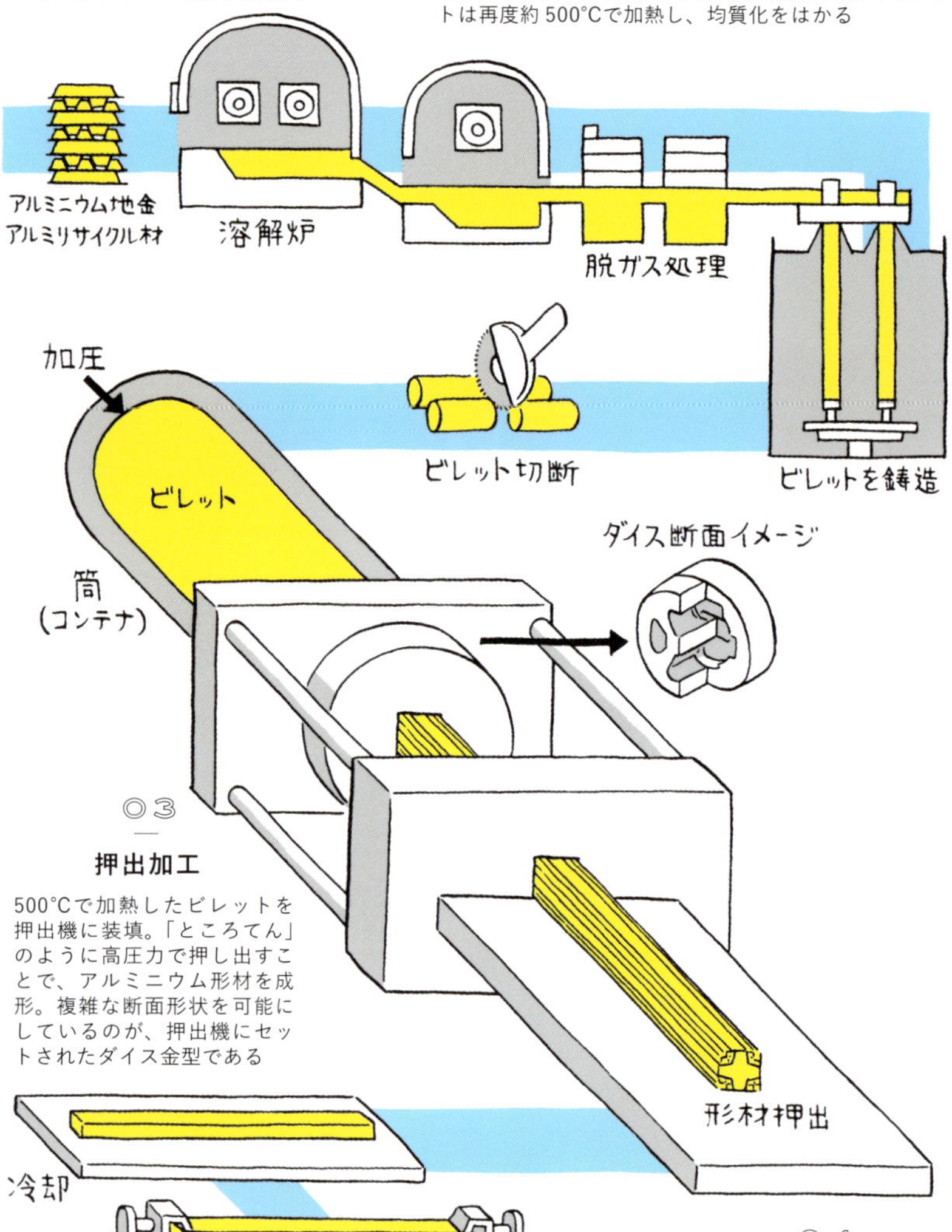

03

押出加工

500℃で加熱したビレットを押出機に装填。「ところてん」のように高圧力で押し出すことで、アルミニウム形材を成形。複雑な断面形状を可能にしているのが、押出機にセットされたダイス金型である

04

表面処理

押出機で成形されたアルミニウム形材は、被膜や塗装をほどこされる。美しさに磨きがかかるのと同時に、耐食性や耐摩耗性などもアップさせる効果がある

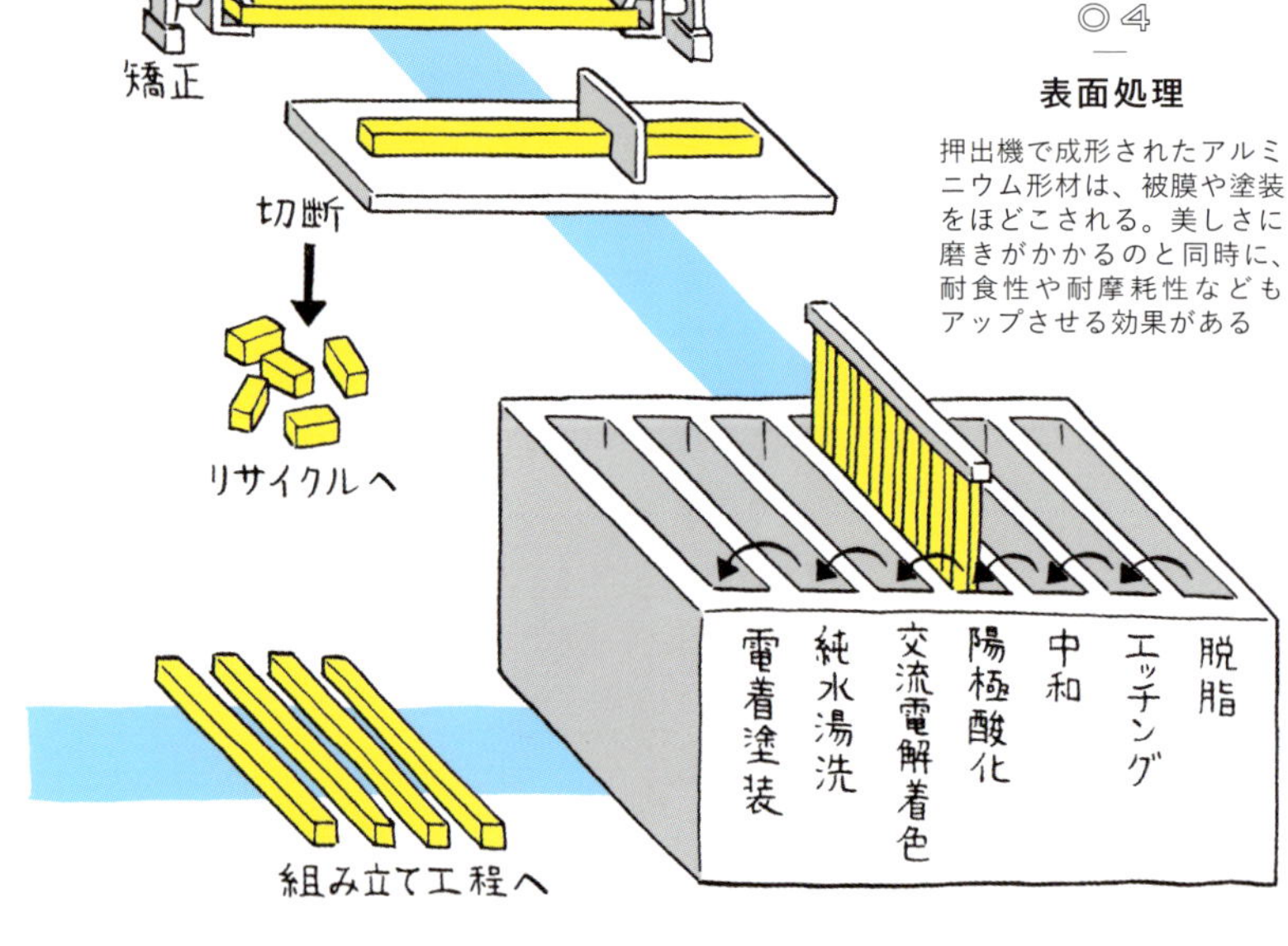

日本の建物の窓には、長らく木のフレームが用いられていました。日本家屋になじみやすく風合いも美しい木の窓ですが、雨仕舞いの悪さや防犯上の問題などを抱えていました。

昭和に入ると、木に代わる素材としてスチールやアルミが登場します。スチールよりも軽くてさびにくいアルミですが、その最大のメリットは、展伸性《てんしんせい》に優れ複雑な形状にも自在に加工できる点にありました。漏水防止はもちろん、建物の気密性を格段に高め、隙間風の解消につながるアルミサッシは爆発的に普及し、1970年代前半には、日本の新築住宅の約90％で取り付けられるようになったのです。

近年では断熱性能向上のため、塩化ビニールを素材とする樹脂サッシを選択する人も増えましたが、ここでは、複雑な形状を廉価で実現し、窓に革命を起こしたアルミサッシのつくり方をみることにします。

複雑な断面形状を安定成形

アルミサッシ製造は、まず材料を溶解し、原料となるビレット（アルミ合金のかたまり）を鋳造《ちゅうぞう》します。その後、押出加工→表面処理→機械加工→部品組み立てと工程を重ねますが、要になるのは、アルミの展伸性を生かした押出加工です。

押出機には、あらかじめ各種サッシ部材の断面形状をもつ金型（ダイス）がセットされます。次に、約500℃に熱したビレットをコンテナ（筒）に詰め込み、ところてんをつくる要領で圧力を加え、一気に細長いアルミの棒（形材）をつくり出すのです。

ひとつの窓には、下枠、竪枠《たてわく》、下框《したかまち》など、6つもの形材が必要となりますが（写真）、どんなに複雑な断面形状でも、金型を変えるだけで、安定して成形できるのが、この押出加工の利点です。

表面処理で耐久性をアップ

押出加工された部材は、冷却したあと、ゆがみなどを矯正し、両端を切断して形を整えたら、表面処理をほどこします。

アルミニウムは、空気中で自然に酸化しやすく、耐食性に優れた酸化アルミニウムの薄い皮膜を表面につくる性質をもち、耐水性に優れています。

しかしコンクリートやモルタルといったアルカリ性のものには弱く、施工時にこれらの物質に接触すると腐食をまねく恐れがあります。そのため、脱脂《だっし》やエッチング、中和を経て陽極酸化、電解着色など、いくつもの大きなタンクを移動しながら表面処理をほどこして強度を高めるのです。

美しく表面処理された形材を必要な長さにカットし、機械加工で孔あけなどを行い、引手や錠、戸車といった部品を取り付け、組み立てればアルミサッシの完成です。

1つの窓に複数の形材が必要

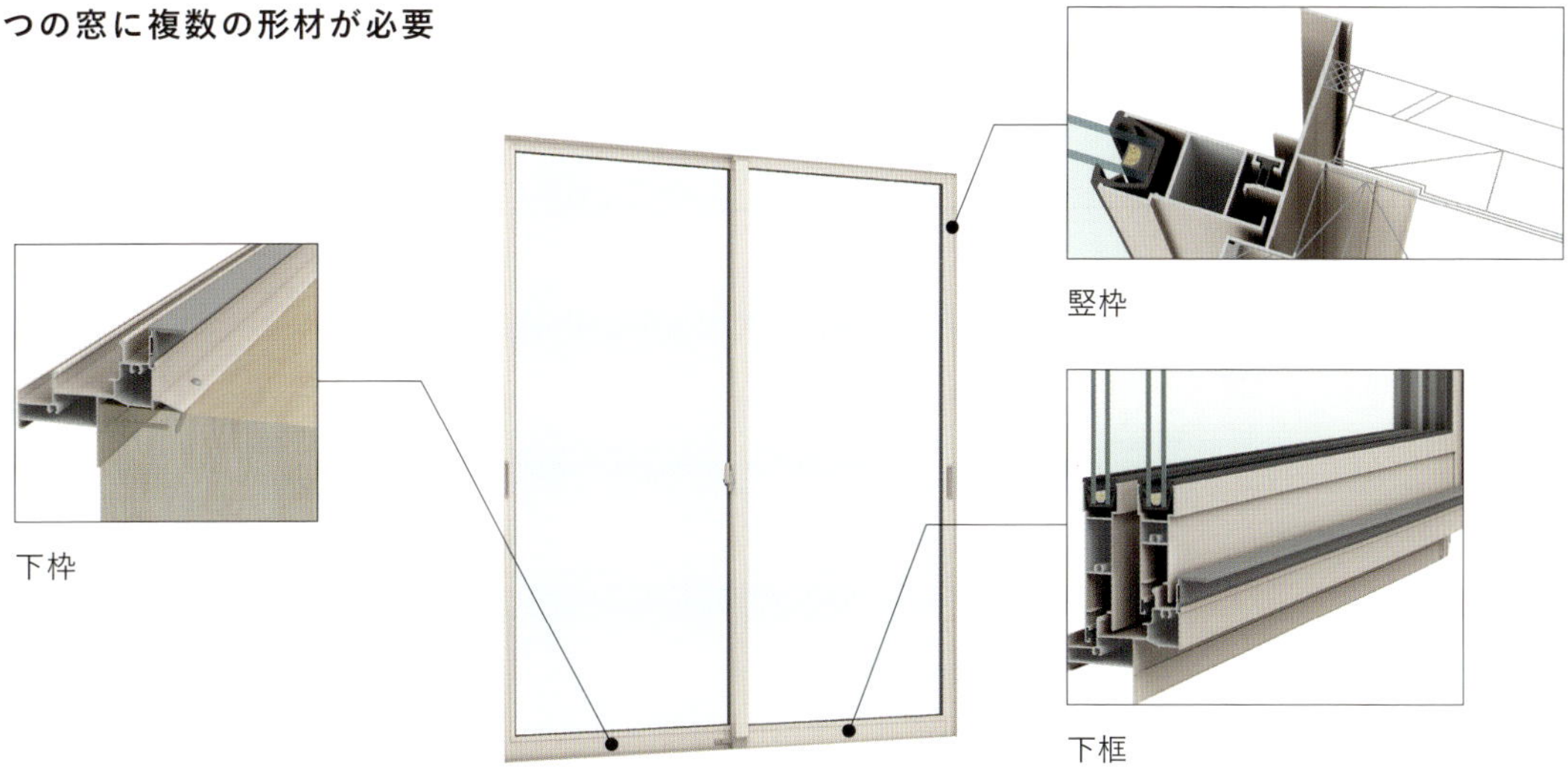

日本の夏は網戸で乗り切る

地球温暖化による気温の上昇が原因なのでしょうか、近年は日本でもジカ熱やデング熱など、蚊を媒介とする感染症のリスクが高まっています。網戸は、人間にとって有害な虫が室内に侵入するのを防いでくれるありがたい建具といえます。

ところが、役所や学校など、公共建築の窓には、基本的に網戸が設置されていません。公共工事では、窓廻りの予算が「ガラス窓」にしかつかないことが多いためです。網戸はまだまだ贅沢品なのかもしれません。

網戸以前の虫除け事情

そもそも、虫除けを目的にした現在のような網戸が一般に使われるようになったのは、かなり最近のこと。普及の時期は、1955～'65年頃です。普及要因のひとつに、ポリ塩化ビニリデン樹脂を素材とするネットの製造が可能になったことが挙げられますが、もうひとつ忘れてならないのが、同時期に登場したアルミサッシの存在です。

アルミサッシが登場する以前、木製建具の窓だった時代、夏の虫除けは蚊取り線香と蚊帳《かや》が定番で、網戸を設置している住宅はまだまれでした。なぜなら、当時の網戸は窓と同じように大工さんが木の枠であつらえるものでしたし、ガラス窓の外側には雨戸があったため、網戸の取り付けには雨戸の外側に枠戸をつくってはめ込まなければならず、後付けするのは現実的とはいえませんでした。

サッシとともに普及した網戸

しかし、'58年に国産初のアルミサッシが発売されると、その数年後にはアルミ製フレームをもつ網戸の製造が始まり、サッシとともに普及していきました。当時の網戸はまだはめ込み式でしたが、'65年に発売されたサッシからは、一度の押出成形で複雑な形状に加工できる特性を生かし、サッシ枠の最外側に網戸専用レールが設けられるようになって、現在のように開閉可能な形態に進化を遂げました（写真）。

さて虫除け網戸の登場からおよそ半世紀、夏の風物詩のひとつだった蚊帳はすっかり姿を消しました。'91年時点で、新築の木造住宅における網戸の取り付け率は98・7％（日本サッシ協会調べ）に到達。世界でもこれほどの普及率を誇る国はめずらしいでしょう。

最近では左右に開く引違いの窓ばかりでなく、上下に上げ下げするタイプの窓や片開きの窓など、あらゆる窓種に対応したさまざまな網戸の商品がラインアップされています。おかげで私たちは、夏でも安心して窓を開け放ち、自然の風を取り入れることができるのです。

写真　サッシの最外側の網戸専用レール

すべての窓種に対応する網戸がある

窓の改修学と窓のリサイクル

02
MADOGAKU
ARCHIVE

東京大学大学院准教授
清家剛 ／ SEIKE TSUYOSHI

私たちが「窓学」にかかわったのは2013年からです。普段から建築学会の規準や国の仕様書あるいはJISなど、窓の基規準を決める立場なので、いろいろ考えるところはありましたが、地球環境と建築を考える研究のスタンスから、これまであまり調査されていなかった改修とリサイクルの調査・研究をすることにしました。ここでは、その概要を述べたいと思います。

国により異なる窓の文化

改修の重要性は、何十年も前から指摘され続けてきました。しかし日本で本当に改修が盛り上がってきたのは、ここ数年ではないでしょうか。

高性能の窓への改修は、ヨーロッパで実績が豊富です。しかし、窓は一種の文化のようなところがあって、日本では圧倒的に引違い窓が多いのに対し、ドイツでは住宅にとどまらず超高層ビルでさえドレーキップ窓が使用されます（→38ページ）。またフランス向けの製品をつくっているドイツのメーカーでは、ほぼ内開き窓しかつくっていません。つまりさまざまな文化や条件のもとで改修も行われているので、これらをすべて調査するのは短期間では難しい。ですから、まずは国内の例をしっかり調べて、基礎的な資料になりうるような調査をすることがひとつの目標となりました。

窓改修の具体的工法

まず窓をどうやって改修するか。工法を分類すると表のようになります（→100ページ）。

性能的には、撤去工法で断熱性能の良い窓に取り換えるのが一番良いのですが、たとえばマンション改修などでは、躯体を斫《はつ》ると近隣からクレームが出るため、ほぼ採用されません。ガラス交換は、比較的安く性能を高めることができますが、ガラスが重くなるのでサッシの耐久性は短くなるでしょう。住まい手だけでなくメーカーや施工者も含めて、そういったメリット、デメリットを整理していきました。

復原と性能、苦労する保存改修

次に窓だけではなく、窓も含めた外壁、つまり外被全体の改修を調べました。そのなかで興味深かったのが古い建物の保存改修です。窓は大事な外観の一部ですから、性能論だけで交換するわけにはいきません。

たとえば重要文化財の東京駅では、6種類の改修パターンがあります。文

手法		概要	長所	短所
サッシ交換	カバー工法	既存窓枠の上に新設サッシを取り付ける	窓全体の性能、機能の向上	・高価 ・施工に専門技術がいる ・新設部材の出っぱり
	撤去工法	既存窓枠をすべて取りはずし、窓廻りの壁とともにつくり直す	施工に専門技術が必要ない	・要引っ越し ・騒音・粉塵などの発生 ・長い工期 ・追加工事の予測が不能
内窓設置		室内側に新たな窓を取り付ける	施工に専門技術が必要ない	・既存窓は改修されない ・室内で場所をとる ・開閉が面倒
ガラス交換		既存窓ガラスを高性能のものに取り換える	使い勝手の変化が少ない	・サッシの性能は向上しない ・複層化による網戸との干渉
フィルム張り付け		遮熱効果のあるフィルムをガラスに張る	手軽	・ガラスの遮熱性能しか向上しない

表　主な窓改修の手法

化財ですから外観に影響する窓は保存が原則ですが、ホテルになっている部分では、内部環境も無視できません。そこで、ホテル部分は内側にガラス窓を入れた内窓改修となっています。このほか、内窓設置も難しいところでは複層ガラスにして外側に似たデザインの桟をつけているものもあります。旧東京中央郵便局を部分保存したKITTEも同じようにいくつかの種類の窓改修がほどこされています（→102ページ）。

保存改修では物理的、法規的、経済的要因の優先順位がプロジェクトごとに変わりますし、その意思決定のプロセスも異なります。窓は非構造部分なので、構造的な要因が絡むことはないのかと思っていましたが、意外に耐震性の影響があることも分かりました。

余談になりますが、おもしろかったのはガラスの扱いについてです。古い建物で使われている窓ガラスは、フロート法以前のもので今は手に入りません。三菱一号館美術館では、ガラスも当時の状態を復原するために、同時期に工事を行っていた新丸ビルの解体時に古いガラスをとっておいて使っています。来館者で気づく人はまれだと思うのですが、つくり手のこだわりを感じさせるエピソードでした。

アジアでは通風と遮熱が中心

アジアは日本との関係も深く、また窓にかかわる日本のメーカーなどにとっても重要な位置を占めるので、日本の状況とは別に各国の改修状況の調査も行いました。

高性能窓への改修に対象を絞るため、いわゆる環境配慮型住宅といわれるものを、まず各国の建築家協会などに推薦してもらいました。国によって取り組む姿勢や体制が異なるので同じレベルでのピックアップは困難だったものの、37件について実地調査や設計者へのヒアリングを行っています（図）。

対象とした範囲が広く、条件が異なる点が多々あるのですが、基本的に蒸暑地域のため、通風と遮熱についての手法が各地域ともみられます。タイやマレーシアでは薄い断熱材が、遮熱対策として使われています。最低気温15℃前後のラインで、手法にも違いが出てくるようです。

こうしたなかで少し異なるのが台湾です。台湾では、行政が補助金を出して一部の窓改修を推奨しています（写真）。利用者の環境配慮についての意識は、まだ高くないようでしたが、改修にあたっての設計者選定や改修

写真　台湾の窓改修の例。窓の外側にルーバーを設置して、遮熱・遮光している

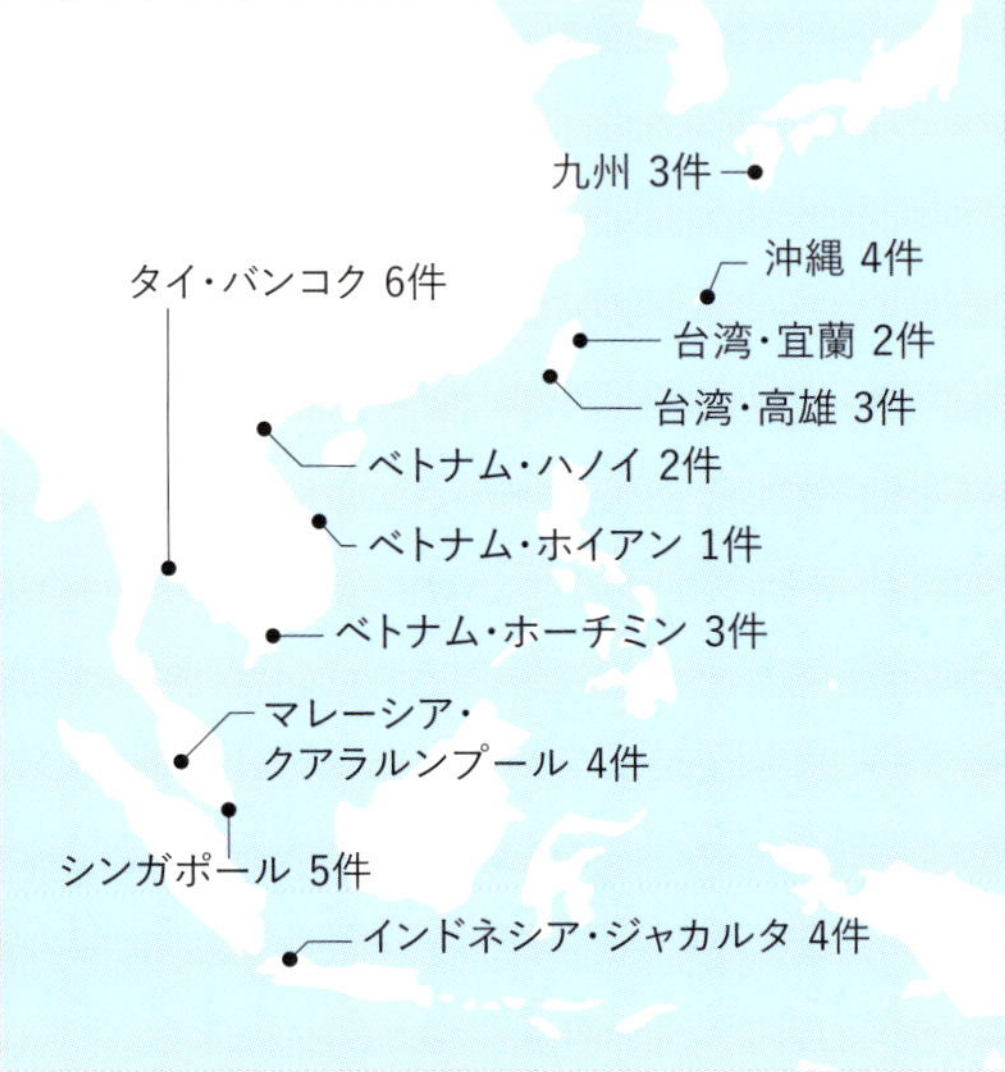

図　調査したアジアの国々

方法の検討などが少しずつ浸透しています。こうした動きは、台湾だけでなく周辺各国にも広がるでしょうし、窓改修についての日本のノウハウや技術が役に立つのではないかと思います。

ヨーロッパには多くのヒントが

リサイクルについては、研究室ですでに15年ほど調査を続けていたため、その延長線上でヨーロッパへの追加調査などを行っています。

日本では、アルミは必ずリサイクルされています。日本の解体現場で出るもののなかで、鉄と銅とアルミはお金になるのでリサイクルにまわるのです。しかし現在は、より高性能な樹脂サッシを普及させようとしているところですから、これからは樹脂のリサイクルも考える必要があります。

そこで1950年代から樹脂サッシが普及しているヨーロッパ、特にドイツがどのようにリサイクルを行っているのかを調査しました。

ドイツは、日本と違ってサッシ部材をつくる形材メーカーと部材を組み立てる会社が別です（↓38ページ）。その形材メーカー業界がお金を出してリサイクルを推奨し、しかもリサイクル品を自分たちで買わなければいけないという厳しいルールを自主的に定めています。リサイクル材は、サッシの内側の見えないところに使われます。

業界が自主的にやるのと国が規制して義務としてやるのとを比べると、目標値が変わってきます。義務になると100%リサイクルしなければいけないことになりますが、自主的な場合は自分たちで回収可能量を設定すればそれが目標になるわけです。その目標に向かって努力するなかで、無理のない範囲で産業として成立するようになり、さらにリサイクルが進むという好循環が生まれていました。オランダのガラスのリサイクルも同様で（↓104ページ）、こうした取り組み方には多くのヒントがあるように思います。

また業界全体で取り組むと、リサイクル品が標準になるという効果もあります。現状、日本ではバージン材のみの製品より、リサイクル品のほうが高いですが、リサイクル材を使った製品が標準になれば、逆にバージン材のみの製品が特殊になり高くなるのです。そうなれば必然的にリサイクル品が使われることが多くなります。こういう社会環境をつくり出すことも、リサイクルを進めていくにあたって非常に重要なことだと思いました。

CHAPTER

03

やさしくわかる窓の歴史

建具でひも解く日本の窓

寝殿造りの建具

日本の古建築には、実にさまざまな建具がみられます。たとえば飛鳥時代に建立された法隆寺の回廊には、棒状の木や竹を並べてつくった連子《れんじ》窓があります。連子窓は、寺院空間を外側の俗世から隔てる役割を果たしていたと考えられ、開閉する機能はありませんでした（**図1**）。

やがて平安時代になると、寝殿造りという貴族の住宅が現れました。中心に寝殿を据え、左右に対屋を配置して、庭園を囲む「コの字」形の構成となっています。寝殿の室内は、「塗籠《ぬりごめ》」と呼ばれる就寝用の小さなスペースのほかは基本的に1室空間です。がらんどうの1室空間に、几帳や衝立《ついたて》や屏風《びょうぶ》やふすまなどの可動式の建具を用いることで、平安の貴族たちは季節ごとの年中行事や生活に合わせて柔軟に空間を使い分けたのです。

仁和寺《にんなじ》などにみられる蔀戸《しとみど》は、寝殿造りで特徴的な建具です（**写真1**）。連子窓との違いは、開閉機能を備えている点です。蝶番《ちょうつがい》で戸を吊り上げ、上下へ開け閉めが可能になりました。また、蔀戸に簾《すだれ》をかけることで、採光や通風の調整もできます。

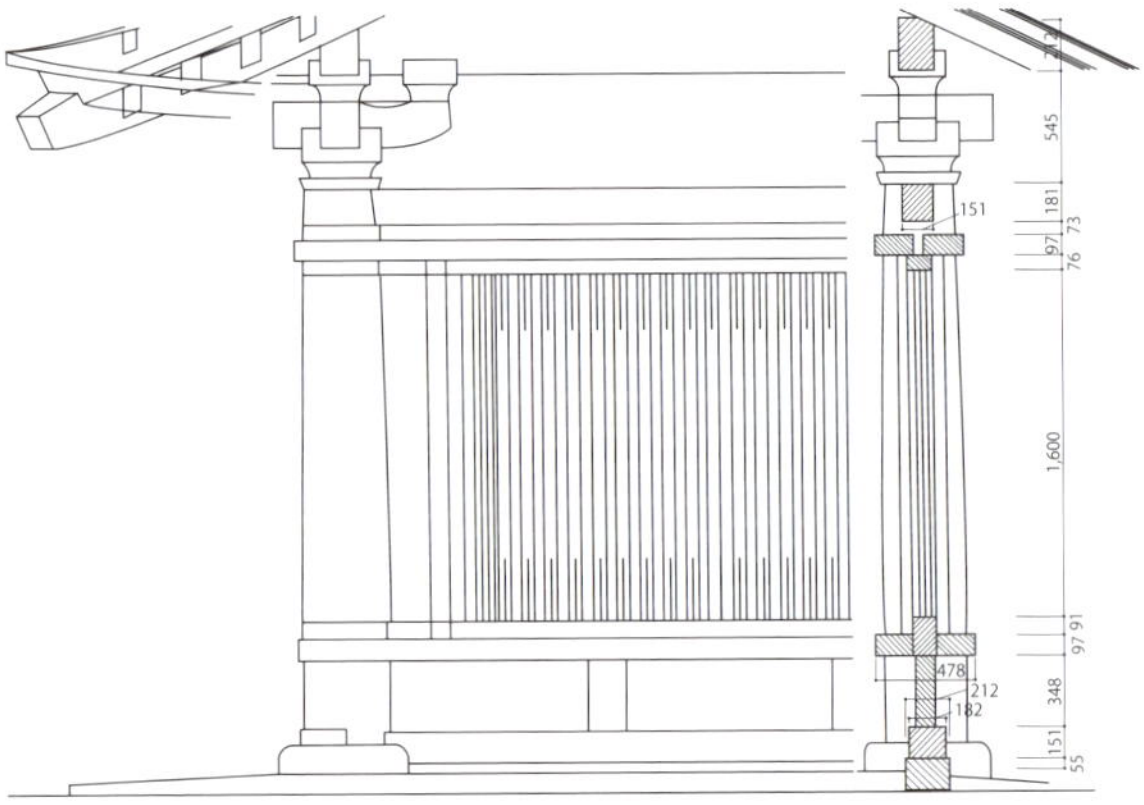

図1　法隆寺（奈良）、回廊連子詳細。開閉する機能は備わっていない
作成：東北大学五十嵐太郎研究室
参考：『改訂 伝統のディテール』（伝統のディテール研究会、彰国社、1974年）

写真1　仁和寺（京都）の宸殿の蔀戸。蝶番により、開閉が可能になった

上）写真２　栗林公園（香川）内、掬月亭の明かり障子

左）図２「法然上人絵伝　17巻4紙」（1307-'17年、知恩院蔵）

書院造りの建具

鎌倉時代には武家独自の住宅形式として、書院造りの建築が登場します。平安時代の寝殿造りとの大きな違いは、部屋が障子やふすまなどの引戸で細かく仕切られていることです。引戸による空間の区分は、現在の日本家屋にも共通する特徴といえるでしょう。

書院造りの建築にみられる引戸のなかで、現在の住宅にも使われて私たちにもなじみ深い建具が、格子状に組まれた細い木をフレームに紙を張った「明かり障子」です。明かり障子は軽量で、外からの光をぼんやりと透過させます。

この建具は、いくつかの部屋が曖昧につながる日本独特の空間性や、軽やかな外観をつくる重要な構成要素なのです。明かり障子は鎌倉時代の書院造りだけでなく、桂離宮《かつらりきゅう》（松琴亭《しょうきんてい》）や栗林《りつりん》公園内の掬月亭《きくげつてい》の茶室（**写真2**）など、のちに数寄屋造りの建築にも広く普及していきました。

ほかにも鎌倉時代には、今日の「出窓」のご先祖といえる窓がすでに存在していました。出文机《だしふづくえ》（後の付書院）という縁側などの外部空間に面して机や台を設けたスペースです。当時描かれた絵巻物『法然《ほうねん》上人《しょうにん》絵《え》伝《でん》』の一場面（**図2**）からは、出文机で僧侶たちが読み書きしたり、庭園を鑑賞したり硯《すずり》や筆などをそこに並べたりしていたことが読み取れます。

CHAPTER 03

やさしくわかる
窓の歴史

日本の建築を変えた花《か》頭《とう》窓《まど》

日本の木造伝統建築は、柱と梁からなる軸組構造でつくられるため、柱と柱のあいだをそのまま開口部にできます。そのため、古建築の多くの窓は、四角いかたちです。歴史をひも解くと、窓のかたちは建築の構造や素材で決定されていることが分かります。

転換点としての花頭窓

50ページで触れた連子窓《れんじまど》や蔀戸《しとみど》、明かり障子などは、柱と柱のあいだにできる四角いフレームにはめ込む建具です。開閉や採光など機能の違いはありますが、四角い形状という点ではどれも同じです。

しかし鎌倉時代を迎え、中国大陸との交流が再開すると、柱と柱のあいだにつくられる四角い建具の窓に大きな変化が起こります。禅宗の到来とともに、寺院建築の花頭窓《かとうまど》が日本へ持ち込まれたのです。火灯窓とも華灯窓とも書き表され、炎や花のような曲線の頂部をもつ窓です。初期の花頭窓は、円覚寺《えんがくじ》・舎利殿にみられます(写真1)。窓のない壁に自由なかたちの窓を造形するという、それまでにない発想でつくられました。

軸組構造の直交座標からは決して生まれない自由なデザインは、イスラム建築の花弁式のアーチにも似ています。花頭窓は江戸時代の城郭の天守閣にもみられますが、異国的な曲線のデザインがアイキャッチとして好まれ、用いられたのかもしれません。

写真1　円覚寺（鎌倉）舎利殿の花頭窓

写真2　妙喜庵待庵（京都）の下地窓

茶室や数寄屋造りの窓

また、茶室や数寄屋造りにも、自由な形態や組み合わせからできる窓がみられます。安土・桃山時代の茶室の「下地窓」は、土壁の一部を塗り残して下地をそのまま露出させた窓で、窓の大きさや位置を自由に決められるという利点があります。その特性から、下地窓は茶室に多用されました(写真2)。茶室の設計では、極限まで切り詰めた小さな空間のどこに窓を開けるかがデザインの要となるのです。なかには下地の葦《あし》を故意に数本外した忘れ窓(破れ窓)もつくられ、不完全な物を美しいとするつくり手の遊び心を感じられます。

茶室や数寄屋造りでは、構造と意匠が切り離されて自由に多様なかたちの窓がつくられました。たとえば、丸窓(慈光院《じこういん》茶室)、八角窓(孤篷庵忘筌《こほうあんぼうせん》)、果物のかたちのような光琳窓《こうりんまど》(仁和寺遼廓亭《にんなじりょうかくてい》)などがあります。

また、色紙窓《しきしまど》(高台寺傘亭《こうだいじかさてい》)、八窓(曼殊院《まんじゅいん》茶室)、十二窓(伏見奉行《ふしみぶぎょう》屋敷茶室)など、互い違いに配置する窓もみられるようになりました。おもしろいことに、互い違いの窓の配置には現代建築へ通じるデザイン感覚を見出せます。日本の建築家・SANAA(妹島和世《せじまかずよ》+西沢立衛《にしざわりゅうえ》)が流行させた、四角い窓をポコポコちりばめたポツ窓は、十二窓の隔世遺伝のようでもあります。

ステンドグラスができた6つの理由

窓は今日まで、めざましい進化を遂げてきました。ただしその進化は、たったひとつの要因だけに支えられる単純なものではありません。さまざまな技術や背景が複雑に絡み合い、新しい窓がつくられてきたのです。複数の要因が重なる発展の例として、12世紀のゴシック建築で用いられたステンドグラスの窓が誕生した背景に注目してみましょう。

ステンドグラスの窓ができるまで

ステンドグラスの窓が成立するまでの過程を考えるには、6つの要因に注目する必要があります。

第一に、キリストの教えが描かれた光輝く窓（ステンドグラス）には、宗教的な意味が与えられました。つまり、キリスト教中心の文化では、光の空間が大きな意味をもつという社会的背景が築かれたのです。

第二に、色ガラスの技術の発展があります。ガラスの着色技術は、5世紀頃から工芸品をつくるために用いられていました。やがて中世に入り、人工的な色ガラスが進化します。フランスのシャルトル大聖堂では、「シャルトルの青」と呼ばれる色ガラスがつくられ、大聖堂のステンドグラスに導入されました（**写真1・2**）。

第三に、11世紀頃に新たなガラスの製法として「円筒法」が考案されました。それまでの製法は、加熱したガラス球を回転させて平らなガラスをつくる「クラウン法」でした。円筒法は吹き竿で円筒状にしたガラスを縦方向に切開して板ガラスをつくる方法で、クラウン法よりも大きな板ガラスをつくる技術を確立しました。とはいえ当時は、まだ製造できるガラス1枚あたりの大きさに限界がありました。

そこで小さなガラスをパッチワークのようにつないでいって大きな窓をつくる工法が発達しました。この工法こそステンドグラスの成立を支える第四の要因です。

第五の要因は、窓枠の製造技術の向上です。それまで使われた木枠に代わり青銅の枠と鉛の桟が導入され、比較的丈夫なステンドグラ

クラウン法

4世紀頃にシリアで案出された。加熱した球形ガラスの上部をカットしたものを鉄棒で回転させ、その遠心力で板状のガラスにする。

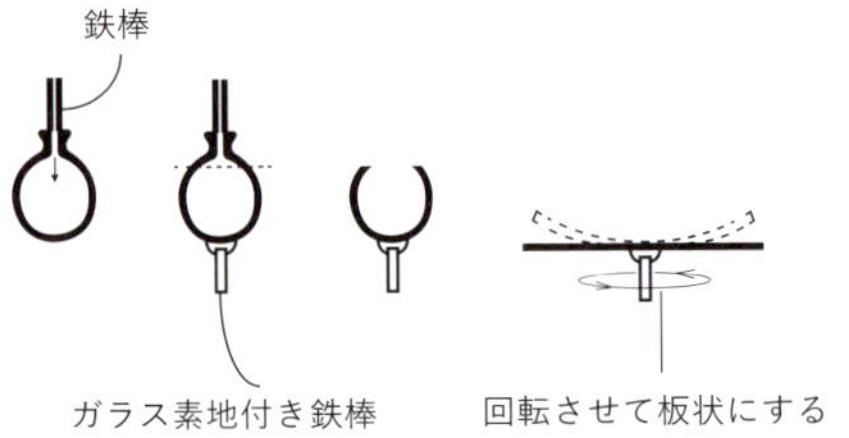

円筒法

11世紀ドイツで使用された。熱したガラスを吹き竿で円筒状に吹いたものを、縦方向に切開することで板状にする。本格的に普及したのは18世紀以降。

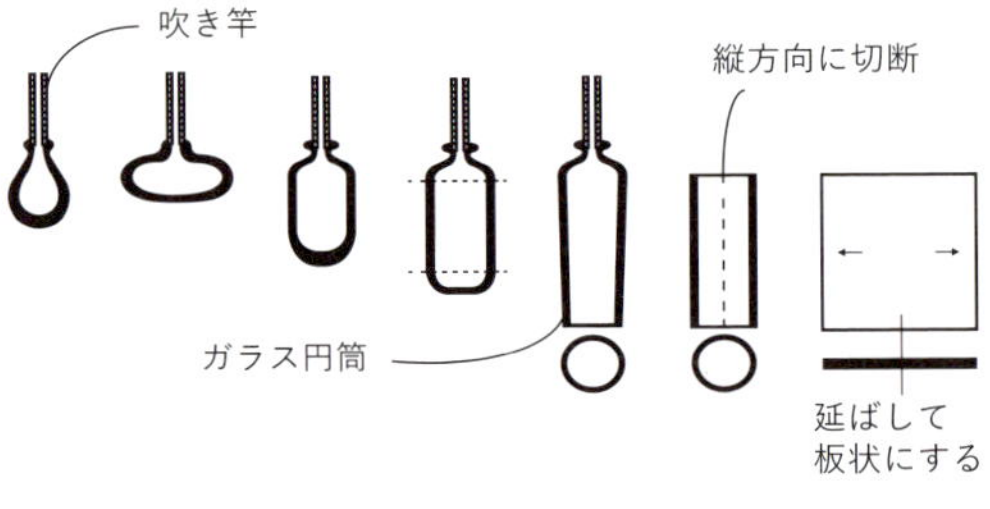

参考：板硝子協会「日本の板ガラス」板硝子協会、2014
作成：東北大学五十嵐太郎研究室

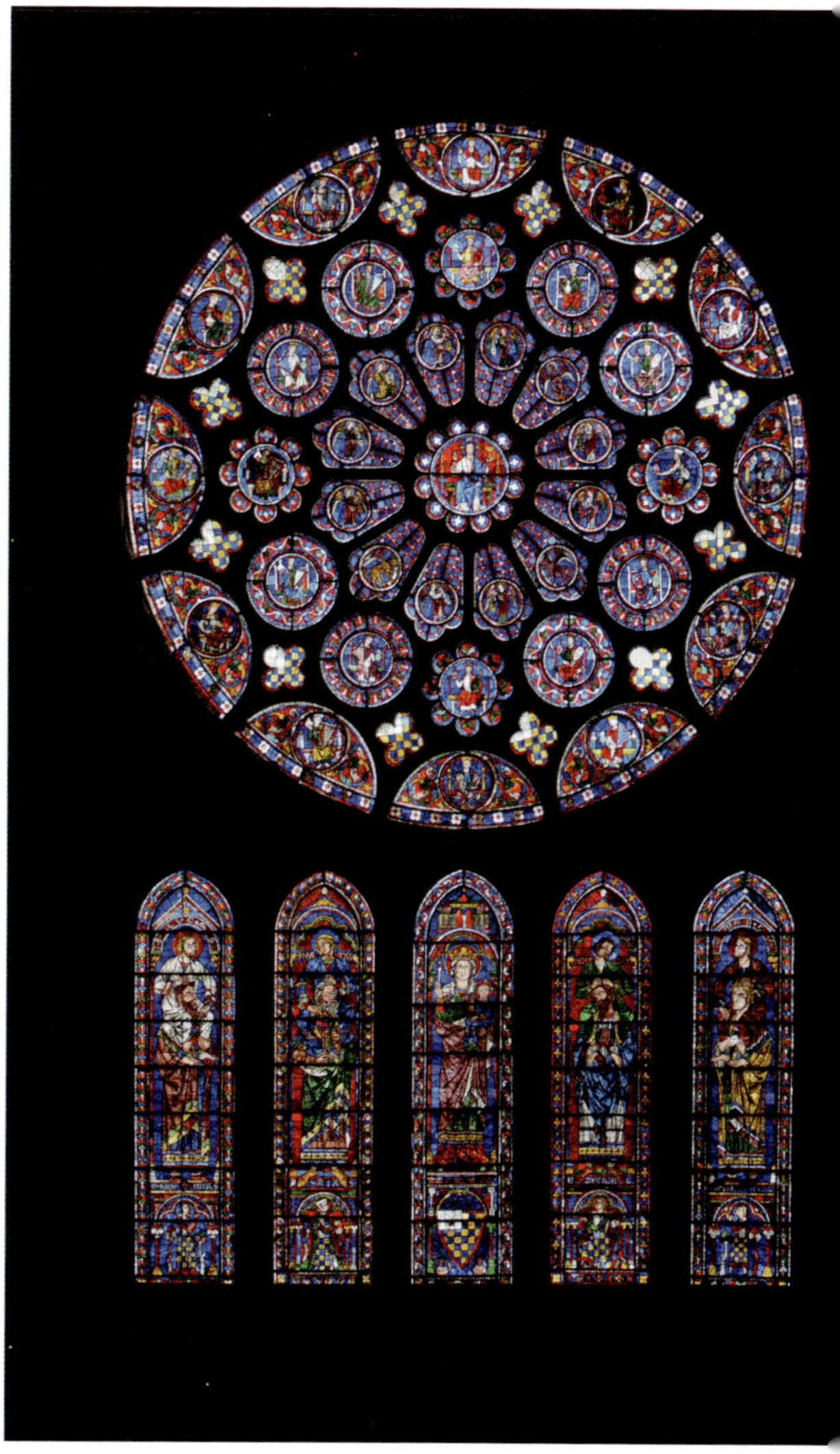

写真１　シャルトル大聖堂のステンドグラス

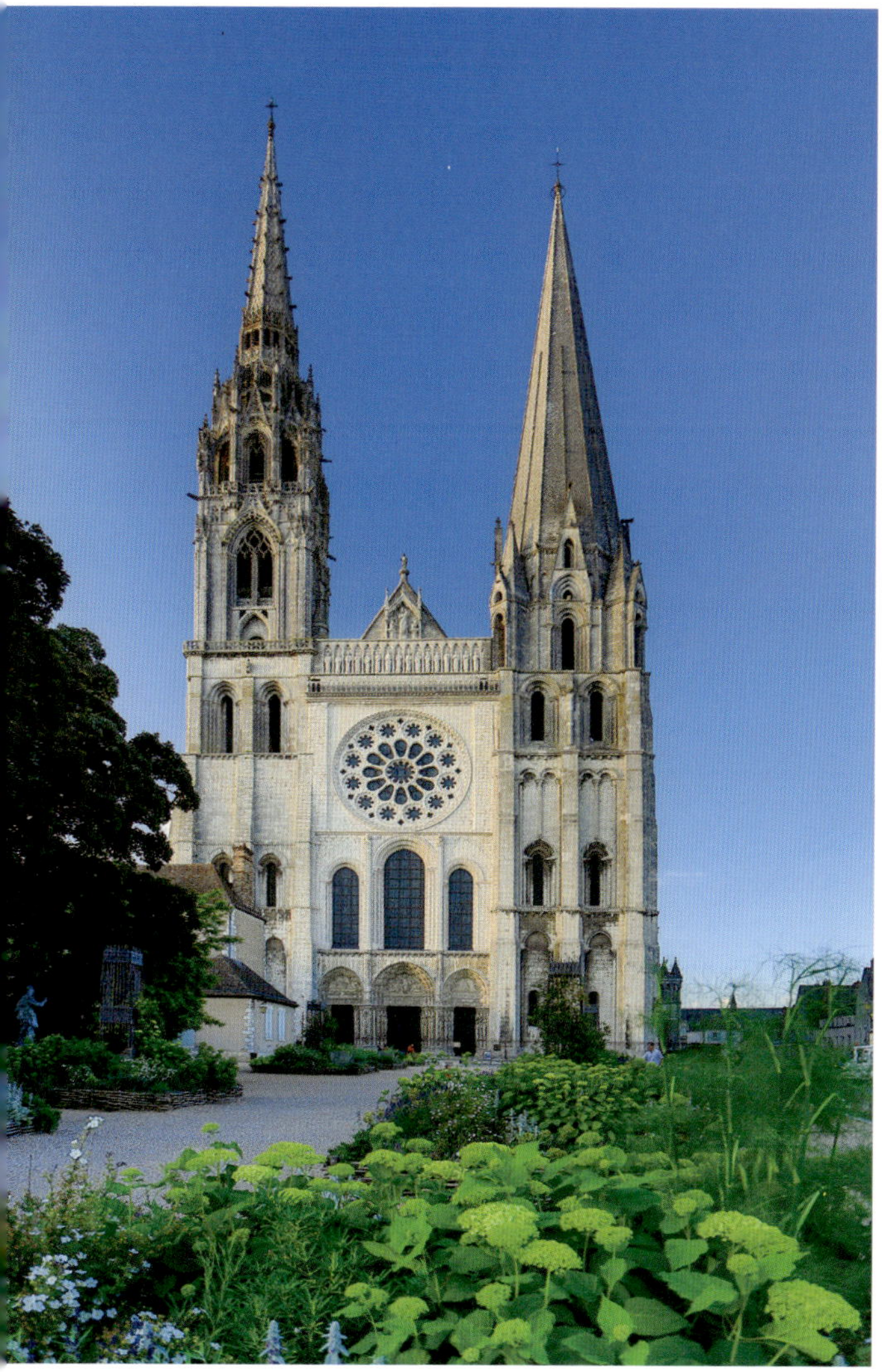

写真２　シャルトル大聖堂の外観

スがつくられるようになりました。

最後に、第六の要因として、建築構造の進化が挙げられます。多くのゴシック建築でみられるように、飛梁《とびばり》（註１）や控壁《ひかえかべ》（註２）によって力を外に逃がし、壁を極力減らしたダイナミックな空間を実現できる構造が登場したのです。これにより、石造の建築では最大限の開口部を設けられるようになりました。

以上の６つの要因が複雑に絡み合い、はじめてステンドグラスという新しい窓が誕生しました。窓はさまざまなテクノロジーが集まる結節点といえるのです。

ステンドグラスに描かれた世界

先述のとおり、フランスの初期ゴシック建築の代表作・シャルトル大聖堂は、美しい青色のガラスを取り入れたステンドグラスが特徴です。ステンドグラスは、色とりどりの光で室内を満たす色彩装置です。巨大なスクリーンに物語がうつし出される様子は、さながら現代の映画館のようです。ステンドグラスに描かれる聖書の物語や聖人伝などの宗教画は、観る者へキリスト教の神聖さを訴えかけます。また、大聖堂の正面中央に位置する大きな丸い薔薇窓も目を引く要素で、その造形は組石造によるアーチに沿った合理的な構造力学に基づいてつくられています。

（註１）外壁から張り出して構造を補強するアーチ状の梁
（註２）主壁に対して直角方向に突き出して構造を補助する壁

現代建築を支える窓技術の進化

20世紀に各都市で建てられた高層ビルの端正なガラスファサードは、複数のテクノロジーが集まることで初めて成立しました。具体的に、窓の断熱性と気密性を高める軽量サッシの技術、なめらかなゆがみのないガラス製造技術、構造体から壁を切り離すことを可能にしたカーテンウォールの技術、採光・通風といった従来の窓の機能に代わる照明・空調設備の技術などが挙げられます。ここでは、このうち軽量サッシとガラス製造技術の歩みを確かめていきましょう。

アルミサッシは軽くてさびにくい

製品としての金属サッシは、19世紀にはじめて登場します。

当初の主流はスチールサッシでした。熱した金属をローラーに通して変形加工する「ロール成形」（1844年）の発明により、T形やI形断面をもつスチールサッシが大量生産されました。スチールサッシは丈夫であるというメリットがあったものの、さびやすく

写真1　エンパイア・ステート・ビル（アメリカ、1931年）

重いことが難点でした。このデメリットを克服したのがアルミサッシです。熱したアルミニウムの塊に圧力を加えて型枠から押し出す「押出成形」と呼ばれる工法が考案され、スチールサッシよりも手間をかけずに、強度のあるサッシが生産できるようになりました（→42ページ）。軽量のアルミサッシは多くの高層ビルに導入されました。たとえばニューヨークのエンパイア・ステート・ビル（**写真1**）も、アルミサッシがビルの上層階の自重を軽減することに貢献した事例のひとつでした。

日本国内でアルミサッシが一般の建築で用いられるようになったのは第二次世界大戦後のことです。プレハブ住宅の供給や高層ビルの建設ブームに伴い、'60年代にアルミサッシの標準化と量産化が進みました。

なめらかさを追い求めたガラスの技術

次に、ガラス製造の歴史をみると、機械式の技術が導入されたのは、20世紀初頭のアメリカであったことが分かります。特に溶けたガラスをローラーによって圧延しながら板状に成形する方法である「ロールアウト法」（'22年）の登場で、大型でひずみの少ないガラスを大量につくることが可能となりました。しかし、ローラーによる皺がガラスの表面に残るため、のちの工程でガラスを研磨しなければなりませんでした。その手間を省いた製造法が'50年代にイギリスで発明された「フロート法」です（**図**）。溶かしたガラスを溶融金属の上に浮かべ、厚みと板幅が均一な板ガラスとして成形するため、研磨の工程を経なくとも平らで光沢のある板ガラスが連続的につくられるようになりました。この時はじめて、物質的にも製法的にも「なめらか」なガラスが実現したわけです。

またガラスの発展には、建築以外の産業が貢献することもあります。たとえばアクリルガラスや強化ガラスなどは20世紀前半に現れた新たなもので、もともと航空機や自動車のためにつくられたものです。特にアクリルガラスは重ねて成形することができるので、分厚いガラスを可能にするというメリットがあります。最近では、沖縄美《ちゅ》ら海水族館（２００２年）などの世界最大規模の大型水槽（**写真2**）にも用いられています。

写真２「沖縄美ら海水族館」に使われた厚さ60センチのアクリルガラス（提供：日プラ株式会社）

図 ガラス製造の例

20世紀初頭～

ロールアウト法

1922年にアメリカで発明。成形ロールで溶融ガラスを圧延し板状にする。成形からカットまでの製造工程を一括して行う。

1950年代～

フロート法

1959年にイギリスで発明、実用化。溶融金属を浸したフロートバス上にガラスを浮かべて成形する。ロールがガラスに直接触れないため、ロールアウト法よりも水平で光沢のあるガラスを一度に大量生産できる。

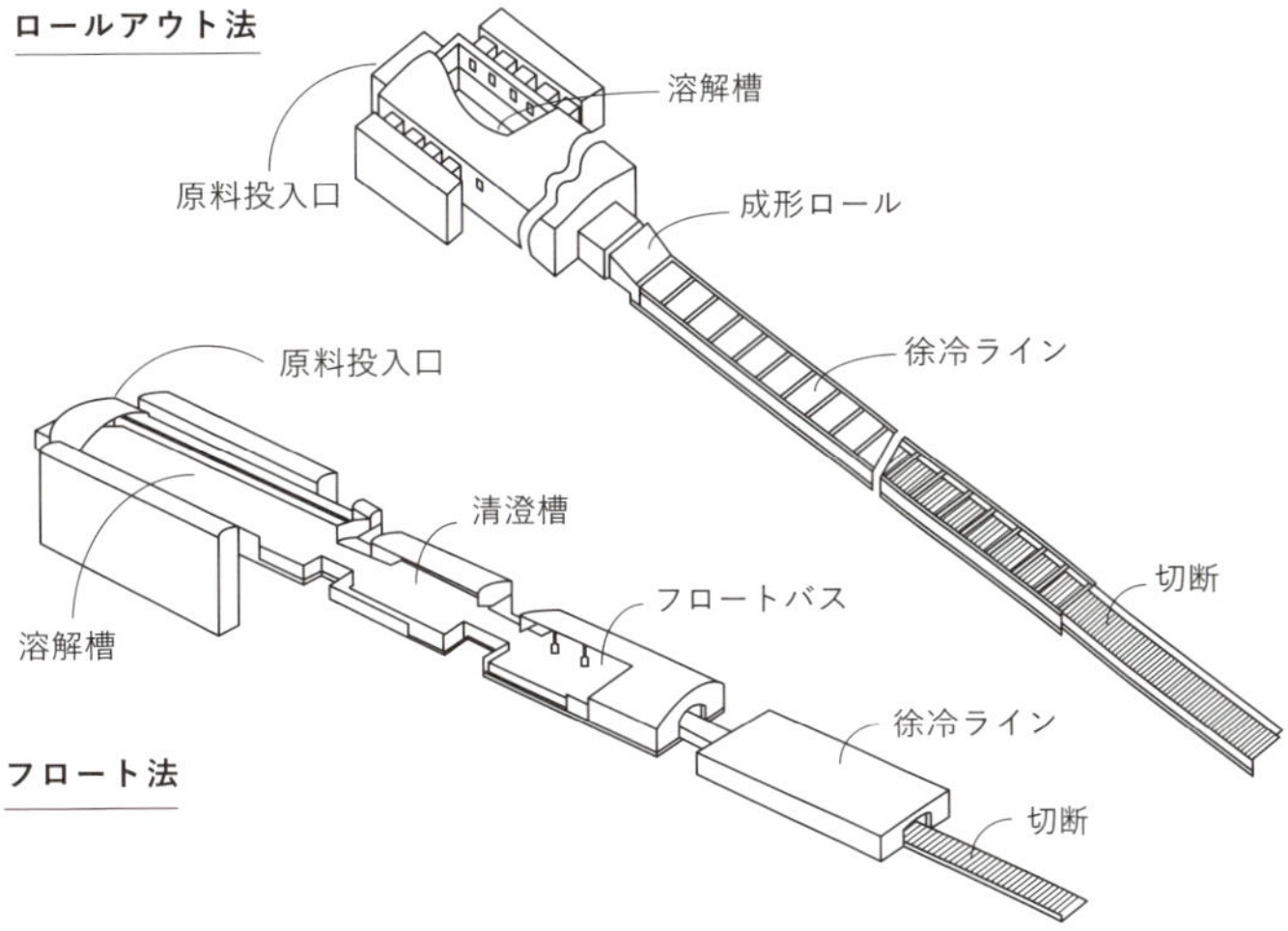

作成：東北大学五十嵐太郎研究室

広告のなかの窓辺は語る

広告は一般的に、新商品の魅力を人々に宣伝するためにつくられます。加えて、広告には制作当時の雰囲気や社会背景がうつし出されるため、それは歴史の記録としてみることもできるのです。特に、建築・住宅関連雑誌の広告で、窓が登場することはめずらしくありません。しかし、直接的に関係のない商品広告の背景にまで窓が描かれることもあります。広告において窓がどのように表現されてきたのか、その変遷をたどってみましょう。

戦後の広告にみる窓

第二次世界大戦以前の広告は、文字と情報だけを載せたシンプルさが特徴です。のちの戦時下の広告では「耐火・耐震」などのキーワードを掲げたものが増えます。戦争のあおりで日用品に鉄が使えなくなり、同等の耐久性を売りにした「愛国窓格子棒」と題する木製の窓格子の広告も登場します（図1）。

戦後の1950年代には、写真を用いた広告がみられます。日本建鐵株式会社の広告はビルの窓越しに景色をとらえた構図で、ガラスの透明性を伝える写真が効果的に使われています（図2）。数々の新製品が登場した’60年代の日本板硝子株式会社の広告からは、高層ビル建設ラッシュの到来がうかがえます（図3）。興味深いのは同時期に、模様入りの型板ガラスの広告も増えたことです（図4）。ガラスの透明性を売りにしていた’50年代から一転して、住宅のプライバシーが求められるようになった当時の社会背景が分かります。

’70～’80年代には、窓辺に女性を登用する構図もみられるようになり、イメージ優先の広告が主流の時代が続きます。また’90年代に入ると、日本電気硝子株式会社の広告のように各種の性能をセールスポイントにしたものがみられ（図6）、2000年以降は省エネを全面に出した広告が登場します。

女性と広告

1970年代に増えた出窓の広告では、女性が室内にいる構図が多くみられます。’80年代からは、窓より女性の姿や売り文句を大きく載せたものが登場し、消費社会の発展とともに広告がイメージ優先へと変化しました。女性の姿は、商品の魅力を高め、広告への注視を誘う要素だったといえるでしょう。

時代を遡れば、’20年代の家庭用品や調味料の広告にも女性と窓を描いた構図がみられます。竹久夢二による三越百貨店の広告「涼しき装ひ」の画題は、西洋的な室内でお茶を楽しむ女性の姿です（図7）。多くの女性が憧れたブルジョワ階級の優雅な生活が投影されていたのかもしれません。

「窓辺と女性」の組み合わせは、絵画でも古くから採用されてきたモチーフです。たとえば’72年の日本電気硝子株式会社のガラスブロックの広告では、「あの真昼の海の輝き」というコピーとともに、まぶしげな光のもと横たわる女性の姿が掲載されています（図5）。これは、ルネサンス期イタリアの画家パオロ・ヴェロネーゼの「聖ヘロナの夢」にも通じる古典的な構図でもあるのです。

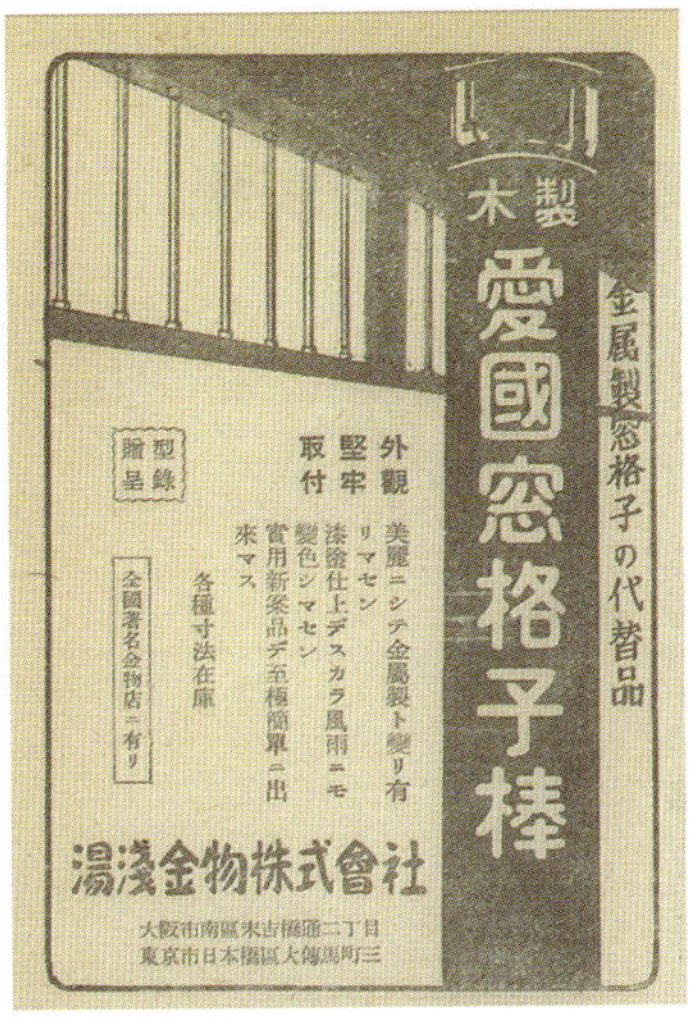

図1 「愛国窓格子棒」の広告（湯浅金物株式会社）
出典：『新建築』（1942年9月号）

図2 ガラスの透明性が分かる写真を用いた広告（日本建鉄株式会社） 出典：『新建築』（1952年6月号）

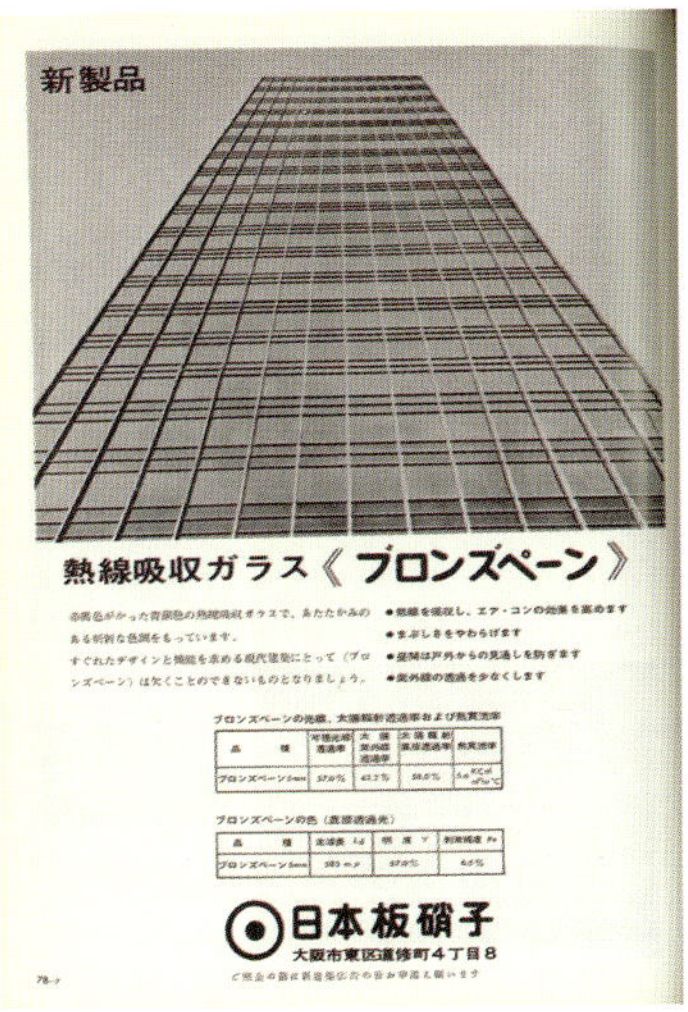

図3 高層ビルを用いた広告（日本板硝子株式会社）
出典：『新建築』（1965年7月号）

図4 模様入り型板ガラスの広告（日本板硝子株式会社）
出典：『新建築』（1968年4月号）

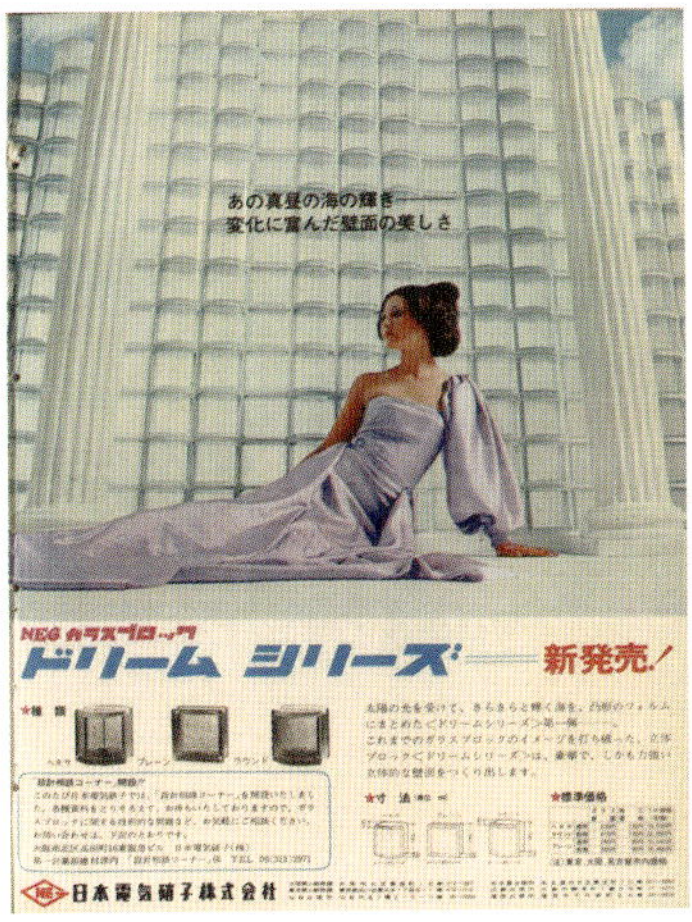

図5 女性を起用した絵画的な構図（日本電気硝子株式会社） 出典：『新建築』（1972年9月号）

図6 ガラスの性能を知らせる広告（日本電気硝子株式会社） 出典：『新建築』（1995年1月号）

図7 「涼しき装ひ」（竹久夢二、1925年） 出典：『三越』（15巻6号口絵）

自由になった近代建築の思想と窓

窓をつくる技術は、20世紀に入ってから飛躍的に変化しました。それまで西洋の建築では、石やレンガなどによる組積造《そせきぞう》に小さな孔を穿《うが》ち、窓をつくるスタイルが主流でした。

しかし近代以降、鉄骨造や鉄筋コンクリート造（RC造）が登場し、機械による大量生産の技術で、「窓」にも大きな変革が起こったのです。建築物は柱と梁で支えられるようになり、壁は構造から解き放たれました。以前は建物に対して縦長の窓が断続的につくられていたのに対し、水平の帯状窓の設置が可能になったのです。

空調や照明などの設備を完備した近代建築は、窓を構造的・機能的な制約から解放しました。20世紀以降、窓は見事に「自由」を獲得したともいえるでしょう。

近代巨匠たちの水平連続窓

近代建築の三大巨匠の一人として名高いル・コルビュジエ。彼が提案したRC造の柱とスラブ（床）によって構成される「ドミノ・システム」は、前時代の組積造とは異なる建築モデルの誕生を高らかに宣言しています（図）。この構造において窓は、壁へ穿たれるものではなく、柱と柱の間に広くとられ、自由にデザインされる要素になっているのです。

1920年代、コルビュジエが提唱した「近代建築の5原則」のひとつとして「水平連続窓《すいへいれんぞくまど》」が挙げられます。彼の初期の代表作であるRC造の「サヴォワ邸」（写真1）では、自由な立面に設計された水平連続窓が、たくさんの自然光を室内へ導いていることが分かります。室内へ注ぎ込む大量の光は、それまでの組積造の小さな窓では実現されなかったものでした。

水平連続窓は、ル・コルビュジエだけでなく、ほかの近代建築家にも好んで用いられました。同じく近代建築の巨匠であるミース・ファン・デル・ローエの「ヴァイセンホーフ・ジードルンクの集合住宅」では、住戸の水平窓と垂直に並んだ階段室の窓がリズミカルな立面を構成しています（写真2）。また、ミース

柱を主体とした構造は窓のデザインを自由にしたんじゃ

図　「ドミノ・システム」の概念図

の代表作である「バルセロナ・パヴィリオン」(写真3)では、床から天井まで全面ガラスが用いられ、「透明な壁」をもつ建築が実現されています。

自由な窓を手に入れた近代建築

近代以前の古典主義建築では、「オーダー」というデザインのルールに基づいて建築がつくられました。「オーダー」とは、細部の装飾から建築全体のプロポーションまですべてを秩序づける仕組みです。この仕組みでは、諸室それぞれの用途・機能に合わせて窓の大きさや場所を自由にデザインすることは困難でした。つまり、古典主義において窓はある種の「不自由」を強いられていたのです。

それに対して、20世紀初頭のヨーロッパ各地で生まれた近代建築運動は、厳格で古典的なルールに縛られない機能的で合理的な建築を目指しました。

しかし、だからといって近代建築へ無秩序に窓があけられたわけではありません。古典建築に多用される装飾が消失してしまった分、立面上のデザインにおいて窓の相対的な重要度が高まりました。機能主義の原則に基づく近代建築の窓は、近代以降の建築家たちにとって、より慎重に用いなければならない要素になったのかもしれません。

写真1　サヴォワ邸(ル・コルビュジエ、1931年)

写真3　バルセロナ・パヴィリオン(ミース・ファン・デル・ローエ、1929年)

写真2　ヴァイセンホーフ・ジードルンクの集合住宅(ミース・ファン・デル・ローエ、1927年)

日本と西洋の窓はどう違うのか

建築家にとって窓はどのような存在なのでしょうか。彼らの言説を読み解いていくと、日本の窓と西洋の窓には大きな違いがあることに気がつきます。

建築家・磯崎新《いそざきあらた》は、1960年代に西欧の建築視察をした際、特にイタリアでの空間体験に刺激を受けました。彼は著書『建物が残った―近代建築の保存と転生』で「光が日本では水平にバウンドしながらやってくると考えていた。ここでは天空から降ってくる」と述べています。

この言葉は日本と西洋の建築における光の入り方の違いを端的に表しているといえるでしょう。日本の建築では、開放的な窓から常に光がバウンド（＝拡散）しながら入り、日差しは部屋の奥へ行くほど減衰します。

庇《ひさし》、縁側空間など軒《のき》が深く水平性の強い日本の伝統的な建築とまったく異なる体験を経て、当時計画中だった旧大分県立図書館に天から光を採り込むよう設計変更に取り組んだといいます。

間戸と窓はなにが違うか

日本と西洋では、窓の穿《うが》たれ方や光の入り方は、根本的に異なるものとして考えることができます。

日本の建築では、柱の間にはめ込まれた蔀《しとみ》式《しき》に開閉可能な格子が、空間を開放します。民俗学者・今和次郎《こんわじろう》は平安時代の公家の住居に言及して、「壁はありませんから、特に窓というものはない。格子を適当にあけると窓になるわけです」と述べています。

また、建築家・清家清《せいけきよし》の言葉を参照すれば「日本の〝間戸《まど》〟は日中開いているのが普通の状態、（中略）閉まっているのが常態の外国の〝窓〟」となります。清家は各国における「窓」の語源に注目しました。「窓」は英語ならば「風の目」、アラビア語ならば「貫通する」という言葉に由来します。「窓」の語源から、壁に開いた孔である西洋的な窓の概念に対して、柱と柱の間に戸を設けたものこそ日本の間戸である、と考えていたのです。

旧大分県立図書館（磯崎新、1966年、写真提供：大分市　アートプラザ）

APHORISM 01

壁はありませんから、
特に窓というものはない。
格子を適当にあけると窓になるわけです

BY 今和次郎（1888-1973年）、『今和次郎4 住居論』（ドメス出版、1971年）

APHORISM 02

日本の"間戸"は
日中開いているのが普通の状態、（中略）
閉まっているのが常態の外国の"窓"とは
全く異なる概念だといえるでしょう

BY 清家清（1918-2005年）、『現代の家相』（新潮社、1989年）

APHORISM 03

外部が中に入りこんだような建物で、
その外見もたいしたことはない。
外を見通したり、外からのぞきこむ窓もなく、
その結果カーテンもない

BY BERNARD RUDOFSKY（1905-'88年）、『The Kimono Mind』（1965年）

ルドフスキーがみた日本の窓

海外の建築家は日本の窓をどのように考えていたのでしょう。

アメリカの建築家であるバーナード・ルドフスキーは'55年に来日し、自ら「日本へのラブレター」と呼ぶ著書『キモノ・マインド』を記しました。彼はこの本で、日本とアメリカの生活文化を対比させています。伝統的な日本の住宅に対して、「外部が中に入りこんだような建物で、その外観もたいしたことはない。外を見通したり、外からのぞき込む窓もなく、その結果カーテンもない」という一文を残しています。彼はこの一文で、柱と屋根だけで無駄な装飾のない日本家屋の佇まいを指摘しています。さらに、簡素だけれど長く受け継がれる日本の住宅スタイルと、内装や家具、カーテンや装飾などを頻繁に更新する消費主義的なアメリカの住宅事情の違いを強調しているという見方もできます。

またここで注目すべきは、ルドフスキーが、窓とは室内外を「見通す、のぞく」ために視線がやり取りされる場であり、住宅とは閉鎖性をもつものである、ということ前提にしている点です。日本家屋の「間戸」はより開放的なので、室内外を「見る」と「見られる」という発想が希薄になります。ルドフスキーは日本と西洋で、建物だけでなく窓に対する概念も根本的に異なるととらえています。

窓をつくることは建築をつくること

建築家の言説に登場する窓は、私たちが想像する以上に大きな意味が込められていることがあります。窓をめぐる言説から、建築家にとって窓をつくることの意味について考えてみましょう。

穿孔することは建築をつくること

日本の建築家である原広司《はらひろし》は著書『住居に都市を埋蔵する』のなかで、「建築的行為は、閉じた空間を穿孔することにある」と述べています。原が提唱する有名な「有孔体理論」では、音、光、熱、人間など、ある空間に影響を及ぼす要素の移動をコントロールして、新たな建築のかたちを浮き彫りにすることを目指しています。

ある箱のような閉じた空間があると想定して、そこへどう孔をあけて外部と内部をつなぐ「交通」をつくり出すかということが、原にとって建築的な行為にあたります。つまり原は、建築をつくる行為と窓を穿孔する行為を、同義であるととらえているのです。

窓が建築の新章をつくる

一方で、スイスの建築史家ジークフリート・ギーディオンは著書『建築、その変遷』で、「壁に開口をあけ、内部と外部を関係づけることによって、建築史における全く新しい章が始まる」と記しました。ギーディオンは3段階の空間概念を定義し、ギリシア時代までの彫刻のような建築を第一、ローマ時代からはじまる内部空間のある建築を第二、そして近代以降の彫刻的であり内部空間と調和した建築を第三段階としました。

パルテノン神殿やピラミッドのように外から望むモニュメンタルな建築の第一段階ではなく、第二段階の古代ローマ建築ではじめて、窓を穿《うが》って豊かな内部空間がつくられます（**写真**）。テルマエ（公衆浴場）やヴィラ（都市郊外にある貴族の邸宅）には大きな窓が設けられ、室内をいかに楽しんで使うかに重点が置かれるようになりました。神や王を象徴するギリシア建築から、人々が快適に過ごすローマ時代

写真　マクセンティウスのバシリカ（公会堂）。窓を大きく開け放つ古代ローマの建築

APHORISM 01

建築的行為は、
閉じた空間を穿孔することにある

BY 原広司（1936年-）
住まい学体系30『住居に都市を埋蔵する―ことばの発見』（住まいの図書館出版局、1990年）

APHORISM 02

壁に開口をあけ、
内部と外部を関係づけることによって、
建築史における全く新しい章が始まる

BY SIGFRIED GIEDION（1888年-1968年）
『建築、その変遷―古代ローマ建築空間をめぐって』（前川道郎、玉腰芳夫訳、みすず書房、1978年）

APHORISM 03

ある建築様式が実在することを示す
もっとも確実な徴候のひとつは、
窓のディテールにおける一定の型の創成である

BY PHILIP JOHNSON（1906年-2005年）
『インターナショナル・スタイル』（ヘンリー・ラッセル・ヒッチコック共著、武沢秀一訳、鹿島出版会、1978年）

の建築へと移ったことは、建築史において革命的なできごとだったといえそうです。

窓のディテールは建築様式をつくる

20世紀アメリカの建築家フィリップ・ジョンソンは、窓と装飾の興味深い関係を語っています。彼は、共著『インターナショナル・スタイル』で、「ある建築様式が実在することを示すもっとも確実な徴候のひとつは、窓のディテールにおける一定の型の創成である」と述べています。つまり、窓廻りの装飾が建築全体の印象を決めるということです。ジョンソンによると、それぞれの時代で窓廻りの装飾は標準化されます。装飾的な彫刻がほどこされた窓をもつ19世紀半ばまでの建築はひとつの様式を示すということです。

さらに、工業製品が用いられた「排除された装飾」という「装飾」をもつ20世紀以降の窓は、近代建築というひとつの様式を示しています。20世紀以降に登場したミニマルで洗練された窓は、建築のひとつの時代を示すものとして、様式を成立させているのです。

建築に窓をつくると、外部と内部という対になる空間が生まれます。また、窓は建築全体の雰囲気＝様式を決定する要素でもあります。建築家にとって、窓を穿つことは「建築をつくる」という原初的な行為でもあり、さらには建築の様式を決定づけるうえで重要な意味をもつといえるでしょう。

窓は建築の「目」である！

建築の外観はしばしば人間の顔にたとえられます。建築史家・藤森照信《ふじもりてるのぶ》の「窓は建物の目」という言葉から、建築の表情をつくるときに窓はとても重要な役割を果たすことが想像できます。近代以降の建築家たちの言説に注目すると、窓によって建物の姿をどう統一するか腐心する姿が浮かび上がってきます。

慎重に開口と向き合う姿勢

日本を代表する建築家である安藤忠雄《あんどうただお》は、著書『建築手法』のなかで「開口部を開けるときの慎重さがあれば、全体として大きく間違うことはないだろう」と述べています。安藤はコンクリート打放しの建築でよく知られ、その精巧なコンクリートに窓が設けられることはほとんどありません**（写真1）**。

近代建築の巨匠、フランスのル・コルビュジエは「近代建築の5原則（註1）」で「自由な立面」を提唱しました。近代以降の建築は前時代の建築と比べ、意匠上の自由を獲得しました（→60ページ）。しかし安藤は現代で「可能な限り、壁に孔を穿たず建築をつくれないか」という思想のもと、石壁に孔を穿つよう慎重に窓のデザインに取り組んでいます。それは彼が、自由さに任せて無責任に建築へ開口をつくれば、緊張感ある美しい建築デザインが実現できないと考えているからなのです。

写真１　住吉の長屋（安藤忠雄、1976年）。美しいコンクリートの壁に開口はなるべく控えられ、閉じた印象を受ける

窓は形態を破壊することがある

ル・コルビュジエは自身のマニフェストでもある著書『建築をめざして』で、「建築は（中略）壁であり、それに窓や出入口の孔があく。この

写真２　ユーソニアン・ハウスの一例。ライトは廉価な素材を用いて、誰もが住める工業住宅を提案した

APHORISM 01

開口部を開けるときの慎重さがあれば、全体として大きく間違うことはないだろう

BY 安藤忠雄（1941年 -）
『安藤忠雄　建築手法』（エーディーエー・エディタ・トーキョー、2011年）

APHORISM 02

建築は（中略）壁であり、それに窓や出入口の孔があく。この孔はしばしば形の破壊者となる

BY LE CORBUSIER（1887-1965年）
『建築をめざして』（吉村忠正訳、鹿島出版会、1967年）

APHORISM 03

大きく見れば壁は窓割りのシステムであり、目が顔の一部であるように、窓も全体の建築計画における肝要なデザインの一部分なのです

BY FRANK LLOYD WRIGHT（1886-1969年）
『有機的建築　オーガニックアーキテクチャー』（三輪直美訳、筑摩書房、2009年）

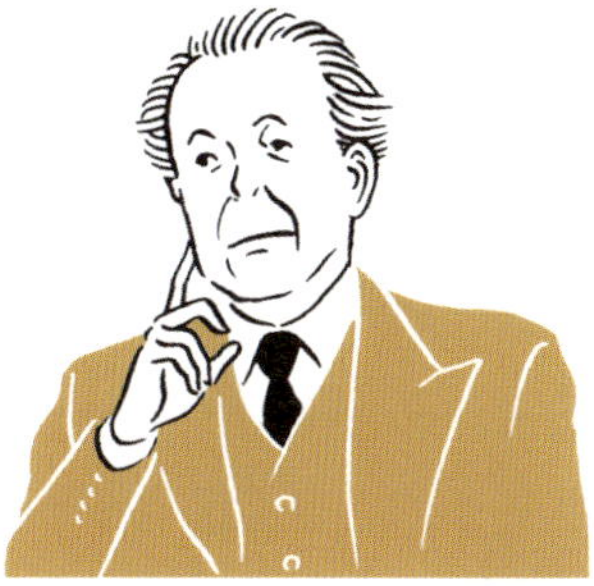

孔はしばしば形の破壊者となる」と述べています。また、「建築家各位への覚え書」という章では、建築が「光のもとに集積した立体である」と定義しています。彼は、立方体や円錐などの純粋な形態をもつものこそ、日差しやさまざまな光を際立たせる理想的な建築だと考えました。その立体（＝建築）は、面すなわち壁で構成されます。面（＝壁）にあけられる開口は、立体（＝建築）の純粋な形態を「破壊」するのでなく、より「強調」するものとして気をつけて穿たれなければならない、と提唱したのです。

建築の内実すら示す窓

「大きく見れば壁は窓割りのシステムであり、目が顔の一部であるように、窓も全体の建築計画における肝要なデザインの一部分なのです」と、述べたのはアメリカの建築家フランク・ロイド・ライトです。彼は、マニュアル化した工法と素材で「ユーソニアン・ハウス（**写真2**）」というローコスト住宅を建設し、建築の内側と外側は一体的な工程でつくられるべきだと主張しました。たとえば、構法と関係なく装飾がほどこされた窓枠などを批判したのです。この住宅で窓は、その建設過程や構法をそのまま示し、建築全体の印象を決める、最も重要なデザインの要素なのです。

註1　1927年にコルビュジエが示し、近代建築へ影響を与えた5つの原則

丸窓が時代を超えて求められるわけ

窓は四角いものだけにあらず、丸い窓もいたるところでみられます。西洋や東洋などさまざまな地域で、さらに古代ローマから近代まで、時代を超えて用いられる「丸窓」にはどのようなものがあるのでしょうか。

シンボル・アイコンとしての丸い窓

丸窓には大きく分けてふたつの方向性がみられます。ひとつ目は、シンボリックなアイコンとしての丸窓です。丸窓の歴史は古く、古代ローマ時代の「パンテオン」では、すでにラテン語で「眼」を意味する「オクルス」という天窓が設けられていました(写真1・図)。オクルスにはガラスがはめ込まれておらず、室内には雨が入るなど、外部の変化や雰囲気を感じ取ることができます。太陽光はオクルスを通して、ローマ神話の神々をまつるパンテオンの内部空間へ力強く降り注ぎ、宗教性や雰囲気にふさわしい象徴性を与えています。

また中世には、キリスト教信仰のシンボルとして、教会のファサードに「薔薇窓」(＝聖堂などにみられるステンドグラスの円形窓)が登場しました。ゴシック様式の時代には、多くのカテドラルが建てられました(写真2)。その特徴のひとつとして、飛梁《とびばり》や控壁《ひかえかべ》で建物にかかる負荷を外側へ逃がす構造が挙げられます(→54ページ)。この発明により、壁が以前よりも薄くなった結果、大きな開口部を設けられるようになり、薔薇窓が成立したと考えられます。ステンドグラスを透過した色とりどりの光は、室内に神秘性を帯びたキリスト教的世界観を生み出します。

また、高い精神性や完全性を示すものとし

写真1　光が降り注ぐ、パンテオンの「オクルス」

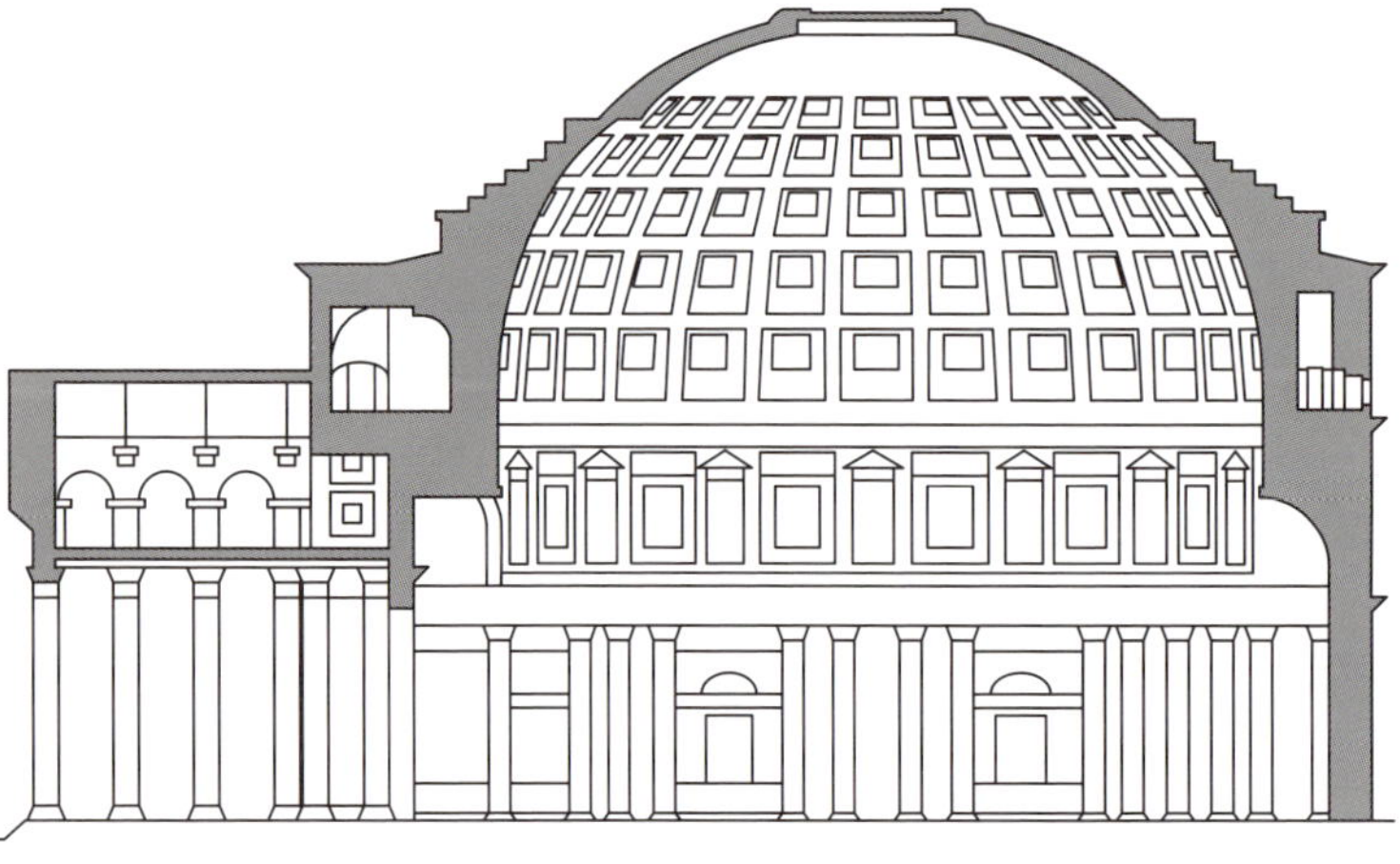
図　パンテオン内部の断面図。ドーム天井の天窓から光を採り込む

写真2　ノートルダム大聖堂（パリ）。キリスト教信仰のシンボルとしての薔薇窓

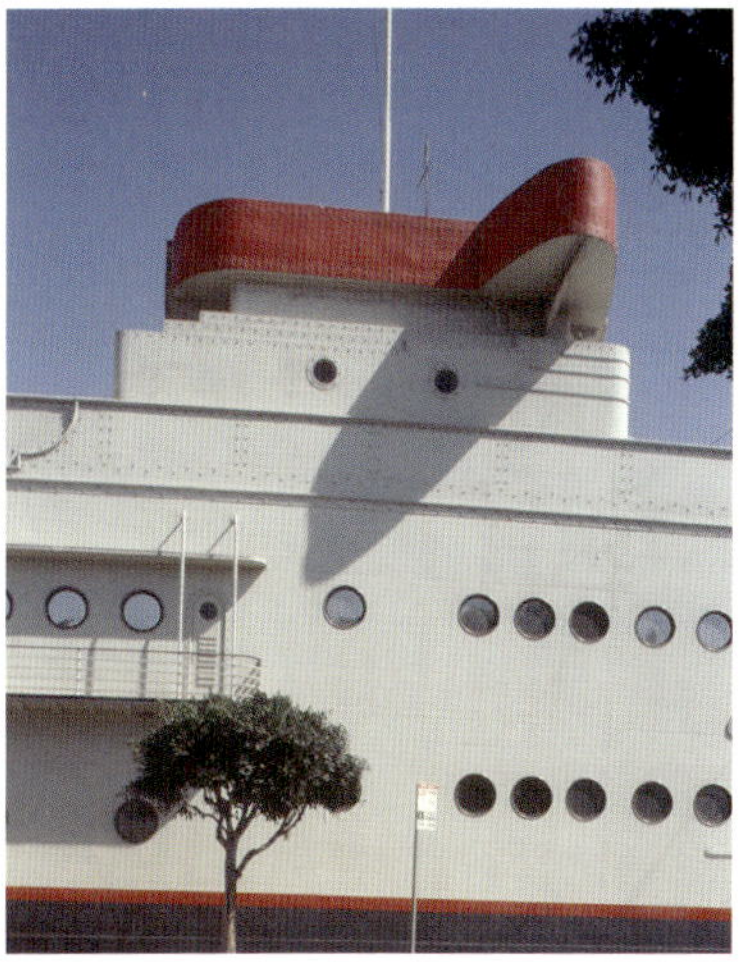

写真4　アメリカの建築家ロバート・V・デラーがデザインしたロサンゼルスのコカ・コーラ・ボトリング・プラント

写真3　「悟りの窓」明月院（鎌倉）。宗教性を示す円窓（明月院蔵）

て、丸窓（円窓）は日本の寺院や茶室にも用いられています（写真3）。

機能性を追求する丸窓

丸窓を読み解くもうひとつの方向性は、技術的・機能的な要求から成立したという背景です。たとえば、船や潜水艦、宇宙船の窓は丸窓であることが多く、これには水圧や鉛直荷重に耐える強度を確保できるという理由があります。過酷な環境のなかで合理的な窓を追求した結果、丸窓が導かれたということです。また、おもしろいことに20世紀の近代建築の時代には、モチーフとして丸窓が好んで用いられました。分かりやすい例として、ロバート・V・デラーの「コカ・コーラ・ボトリング・プラント」などがあります（写真4）。

なぜ近代建築には丸窓が広く使われたのか？　それは、近代建築がめざした「機能主義」に関係があります。近代を代表する建築家の1人であるル・コルビュジエは、著書『建築をめざして』で、機能や用途を満たす新しい建築の理想像として「乗り物」を提案しました。船舶は合理性を追求した究極の存在であり、そこで使用される丸窓こそ、新時代の建築にふさわしいものと考えたのかもしれません。もともとは技術的な理由から使われていた丸窓が、近代建築ではアイコンとして取り入れられ、機能性を象徴する存在になっていったのです。

列車の窓はなぜ開かなくなったか

建築にとって窓は、空間の様子を決める重要な要素のひとつですが、列車や自動車をはじめ、乗り物にとっても窓は欠かせない存在です。ここでは、陸を走る列車の窓が、どう変化を遂げてきたかを探ってみましょう。

馬車から列車へ

建築と乗り物の窓で大きく違う点は、同じ人が過ごす空間でも乗り物は「移動する」というところです。乗り物が速度をもって移動するときには風や埃が舞い、窓はより過酷な環境にさらされるということです。

産業革命後の19世紀前半イギリスに登場した最初期の列車の図版をみると、一等車には三連の窓がついた馬車が連結するようなかたちをしています（図）。

それより前の時代に使われていた馬車のかたちを連想させるデザインを引き継いでいたことが分かります。また、当時の二等列車は、荷台に人が乗っているという簡易なもので、窓はありませんでした。

日本の列車の窓

一方で、日本の鉄道車両の窓はどのように変化してきたのでしょうか。調べてみると、時代ごとに、異なる「開き方」をもつ窓が採用されてきたことが明らかになりました。

まず、日本に鉄道が導入されはじめた頃（1870〜'80年代）には、上から下へ開閉する下降式の窓が使われました。ガラスとブラインドを下ろすだけの構造は単純明快ですが、全開か締め切るかというふたつの選択肢しかありませんでした。さらに、雨水が入って腐食するという欠点があったので、'20年代からは下から上へ開閉する上昇式の窓が広まりました。この上昇式の窓は一枚ガラスで全開するものから、上下に開閉して開き具合を調整できる二段式窓へと進化していきました。

第二次世界大戦が市民の生活へ影響をおよぼす'40年代になると、三段式窓が登場します。ガラスが不足したため、サッシの数を増やし、1枚あたりのガラス面積が小さくて済

図　19世紀、イギリスで登場した最初期の列車

写真1　国鉄桜木町駅（神奈川）構内で発生した大規模な列車火災事故

写真2　1964年に開通した東海道新幹線0系

む三段式窓をつくる必要があったのです。三段式窓は戦後もしばらく生産され続けたのですが、106名の死者を出した国鉄桜木町駅の大規模な列車火災事故（'51年）をきっかけに見直されはじめます（写真1）。事故当時、三段式窓の中段が固定されていたために、多くの乗客が列車から脱出できず犠牲になったことが、大きな問題となったのです。

'50年代になると、ユニット窓がドイツで開発されました。ユニット窓とは、最初から車体に組み込む必要はなく、車体とは別に工場で組み立て可能な製品です。さらに、'60年代に差しかかると新たに固定窓が普及しはじめます。固定窓は、開閉が想定されておらず、車両に冷暖房を完備することを前提に取り入れられます。さらに'64年に開通した新幹線やナハネフ22形式から窓は、大型の固定式二重が採用されました（写真2）。こうした開閉しない窓が導入される近年への流れは、建築の歴史にも通ずる部分があります。なぜなら、高層オフィルビルなどの最新の建築では、空調設備を整えて開閉しない窓が設置されることが多いからです。

最近の列車の窓には、多層の窓ガラスで断熱性を高め、熱線吸収の着色ガラスを使ってカーテンをなくすなど性能の向上がみられます。また、固定窓でシンプルな構造になった車両を丸ごと自動洗浄しやすくするなどの新たな試みも行われています。

窓の歴史と表象文化

03
MADOGAKU
ARCHIVE

建築史家・東北大学大学院教授
五十嵐太郎 ／ IGARASHI TARO

私たちの研究室では、2007年から「窓学」にかかわってきました。窓の歴史のアウトラインを描くという作業に始まり、広告史、漫画、映画などで窓がどう表現されているかを追ってきました。また、多くの書物から、窓に関する建築家の格言を300ほど拾い集めています（→62-67ページ）。ここでは、10年という時間で得られた成果を紹介します。

大きな歴史の流れでみえてきた窓

最初は、窓の意匠や形態などデザインの歴史について考えたり、窓に関連する会社の社史を読むなど、あらゆる方向性を模索しました。その結果、窓のパラダイムシフト（社会規範や価値観を変える革命的変化）を、材料や構造、設備など、さまざまな技術の結節点としてとらえ直すことで記述しうるのではないかと考えるようになりました。

たとえば、ゴシックの大聖堂の巨大なステンドグラス成立には、意匠論的な思想の問題、ガラス製法の発展、建築構造の技術的な改革など、いくつもの要因が絡み合っていました（→54ページ）。19世紀半ばのロンドン万博に登場したクリスタルパレス（図1）もまた、社会的背景、ガラス素材、スチールサッシの技術など、複数の要因が絡み合って生まれた建築といえます。高層ビルへの先駆けとなる、こういったカーテンウォールの考え方が登場した一方で、それまで窓が果たしていた通風や採光の役割が、機械による空調や照明に次第にシフトしていきます。歴史的にみれば、長いあいだ窓が担ってきた機能を人工的な装置に置き換えることが可能になったということです。

イタリアの建築家ジオ・ポンティは、近代のこうした変化をポジティブに評価して「窓が拡大を増すのは、そのまま文明の拡大を暗示する」と述べています。これは、今回拾い集めた建築家の窓に関するアフォリズム（格言）のひとつですが、時代を象徴する言葉ではないでしょうか。

窓の歴史と一口にいっても、ひとつの視点から切り取れるものではなく、いろいろな素材や技術の変化のなかの結節点として位置づけられるということなのです。ですから窓だけをみるのではなく、大きな歴史の流れのなかでさまざまなものと窓の関係をみていくことが必要なのだと考えました。

建築は船に憧れ、船は建築に憧れた

近代以降は、自動車や船や宇宙船と

写真　丸窓が並ぶ新田丸のタラップ
（日本郵船歴史博物館蔵）

図1　1851年、ロンドンで開催された第1回万国博覧会で展示館として建てられたクリスタルパレスの外観

いった、過酷な状況下での窓の技術の発達が、建築にもかかわるだろうと考え、乗り物関連の窓の歴史も少し調べています。おもしろかったのは船の窓です。今は必ずしもそうではありませんが、船の窓といえば丸窓のイメージが強い（写真）。近代の建築家、なかでもル・コルビュジエは、当時の大型客船のことを、海の上を移動する非常に先端的な集合住宅、ホテルであると考えていました。そのため、近代建築の巨匠たちは、船のような建築に憧れていたようで丸窓のある建築をデザインします。しかし、客船にとって丸窓はさまざまな制約のなかで生まれたもので、船の設計者はむしろ建築に憧れていたのです。そのため、グレードの高い客室になるほど、陸の建造物に近い四角い窓が求められました。

絵画でわかる窓辺の使われ方

絵画のなかに描かれた窓についても調べました。作品は以下の4点を基準に選んでいます。

・資料的な要素の強い作品
・窓の使われ方の事例案となる作品
・絵画独自の描き方をした作品
・窓をテーマに幻想的な世界を描いた作品

「資料的な要素の強い作品」としては、北方ルネサンスの画家デューラーの作品（図2）が挙げられます。左の窓に着目すると、今でもヨーロッパの古い建物の窓でみかけるロンデル窓が描かれており、使われていた当時の室内の様子がうかがい知れます。

また、光の粒まで描いた精緻な画家フェルメールの作品をはじめ、17世紀オランダの絵画は、資料的な要素に加え、窓の使われ方の事例案の宝庫でした（→110ページ）。人工照明があまり発達していなかった当時は、窓辺で食事や家事をするのが日常だったことが分かります。

さらに、19世紀のロマン主義の時代には、女性が窓辺にいて、外を眺める構図がひとつのパターンとして登場してきます。ロマン主義の文脈では、窓の外の大きな世界に向かう背中は、外への憧れを意味します。窓辺で手紙を読んでいる女性も多く描かれたテーマのひとつ。手紙は外の世界からやってくる通信であることが象徴的に描かれていると思います。最近の映画でみかける、窓辺で携帯電話をかけるシーンはこうした絵の系譜といえそうです。

漫画と映画のなかの窓の役割

漫画は、「サザエさん」「ドラえもん」

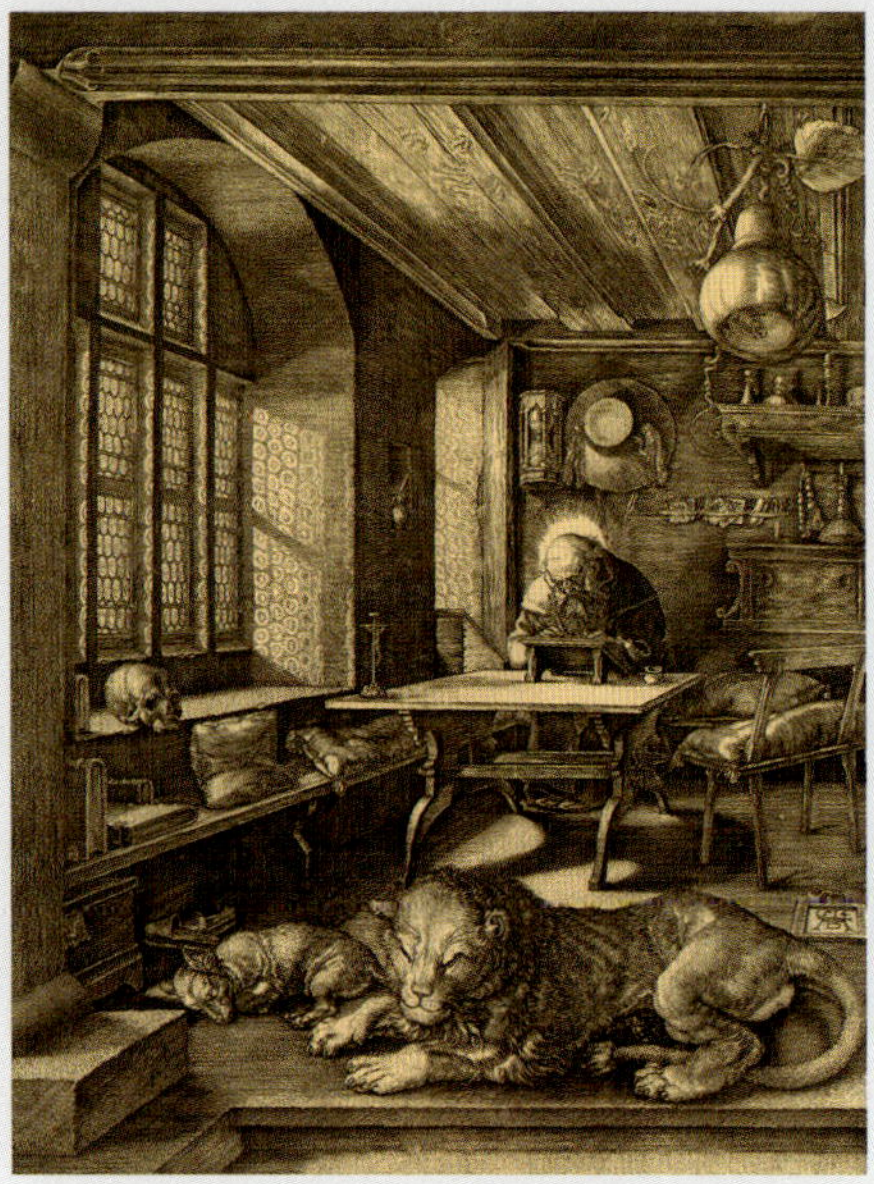

図2　アルブレヒト・デューラー
『書斎の聖ヒエロニムス』1514年

「こちら葛飾区亀有公園前派出所」（以下、「こち亀」）という国民的によく親しまれ長期連載した3つの作品を選び、それぞれ開口部のある場所でどのようなアクティビティがみられるかを集計・分析しました。

「サザエさん」では、たとえば、野球のボールが飛んできて窓ガラスを割ってしまうエピソードがあります。古い映画などでもよく使われていたので、当時の鉄板ネタといえます。

「ドラえもん」で特徴的なのは2階ののび太の部屋で、子ども部屋の窓が外へつながるような表現になっています。ドラえもんには、「どこでもドア」をはじめ、異空間につながる扉や開口部といったガジェット（装置や仕掛け）が頻出します。また、「サザエさん」ではパブリックな場として描かれている縁側が、「ドラえもん」のなかではあくまでも家族のコミュニケーションの場であることは、両者の大きな違いでした。

一方「こち亀」は、派出所がメイン舞台に描かれた漫画です。主人公の両津さんにとって招かれざる客は、正式なドアからでなく窓からいきなり現れてびっくりさせるというのがパターンとして読み取れます（→114ページ）。アクション的な派手さが売りの漫画なので、窓を壊して暴走するシーンもよく登場します。つまり、舞台装置としての窓です。ほかに、隣り合う男女の寮や家で、2階の窓越しにコミュニケーションをするシーンがみられます。漫画でお約束のように描かれるこうした場面ですが、映画でも同じようなシチュエーションのものはみられます。

映画については、海外編ではヒッチコック（→118ページ）と007シリーズのふたつを、日本映画については、とりあえず家族映画を調べています（→120ページ）。007ではアクション映画のなかでどう窓が使われているかをみていきました。たとえばスナイパーどうしが窓越し、暗視スコープ越しに出会う、といったシーンがあります。「こち亀」で「窓を壊して云々」というシーンが定番になっているように、これは007でも頻繁に使われる表現です。007では、防弾ガラスが簡単には破れず、逃げる時間を稼いだといった描写もあり、窓ガラスが重要なポイントになっているシーンもありました。

こうしてみると、いくつかの共通項は見出せるものの、絵画より物語性が強い漫画や映画では、物語を動作させるために窓がさまざまな使われ方をしていることがみえてきます。

CHAPTER

04

世界をめぐる窓の旅

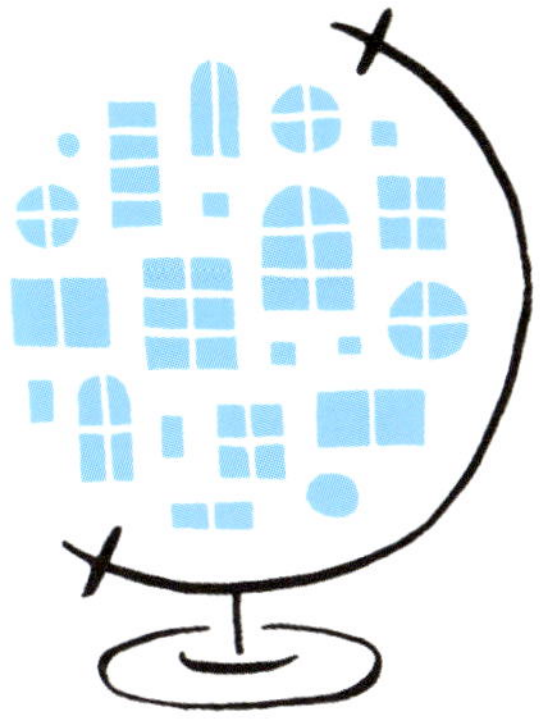

闇を照らす窓と光で満ちた部屋

写真1　スイス山中の村グアルダの民家。厚い壁を内側から斜めにえぐり取るようにして開けられた窓。壁の厚みによって生まれた窓辺の空間に光がたまっている

西欧の伝統的な石造建築は、分厚い壁でできています。ですから、窓をつくる場合は、まず壁を穿《うが》つ（壁を構成する石を掘ったり、どかしたりする）必要があります。壁を穿つと、小さな空間が生まれます。**写真1**のように壁の厚みによって、小さな空間が生まれます。この窓では、外から入った光が壁の厚みでできた空間にたまり、その壁面をボワッと照らして、小さな明るい部屋をつくり出しています。私たちは、こうした窓を「たまりの窓」と呼んでいます。

このように、窓は決して二次元ではなく、壁や窓枠の厚みといった三次元で構成されていることが分かります。この空間をどんどん広げて、その中に人がすっぽりと入り、光に包まれた様子を想像してみてください。そこには、おのずと座ったり、眺めたりといった人のふるまいが生まれます。

窓でつくられた三次元の空間

トルコの首都イスタンブールの「ブルーモスク」（**写真2・図**）にも、たまりの窓があります。

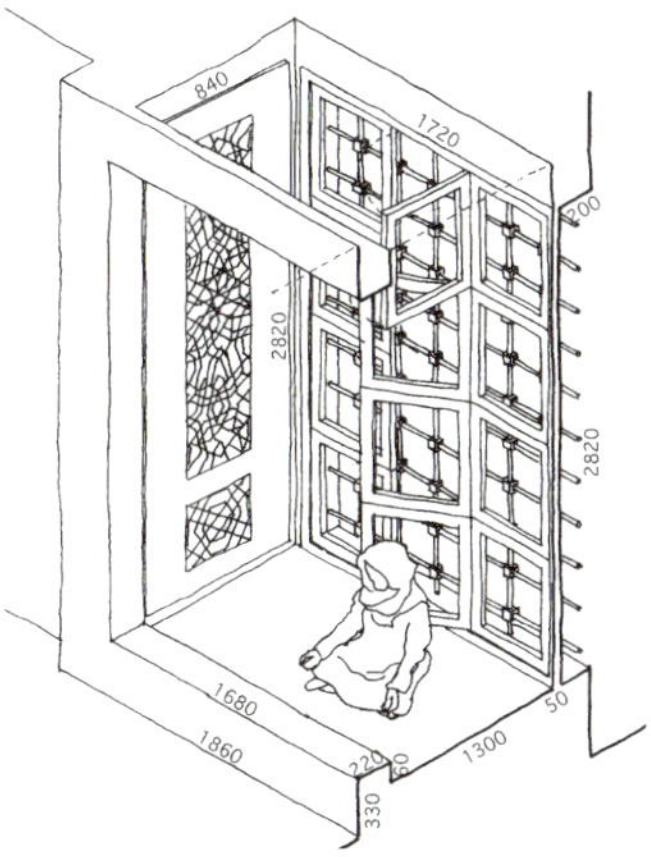

図 「ブルーモスク」の窓廻りの構成

上右）写真2　イスタンブールの巨大モスクの窓。下右）写真3　洞窟のような空間にはイスが造り付けられてる。下左）写真4　ガレリアと呼ばれる出窓。上げ下げ窓を組み合わせた連窓の内部は、光にあふれた奥行きの浅い空間となっている

巨大なモスク全体の中では小さな部分でしかない窓。ところが、窓一つひとつは内側の扉を閉めれば光あふれる個室に、開ければオペラのバルコニー席のようになるのです。

一方、クロアチアの首都ザグレブには、教会が武装化した13世紀に建てられた見張りのための塔が今も残っていて、ギャラリーとして使われてます（写真3）。壁の厚みを利用した洞窟のような空間が印象的です。

ガラスと鉄の登場で拡大した窓空間

やがて技術の発達によって、構造から自由な窓辺をつくれるようになると、こうした空間を窓だけで構成する例が登場します（↓60ページ）。石を穿った窓辺より一層光に満ちた「光の部屋」です。

たとえば、スペイン北西部のサンティアゴ・デ・コンポステーラ広場に面したホテル「ラ・エステーラ」にみられるような、間口いっぱいに白い出窓が張り出した空間（写真4）。構造体から自由になった開口面は、必ず構造体より外に追い出されることになります。

いつ敵が攻め込んでくるか分からない戦国の世には、このような開放的な窓がつくられることはないでしょう。ですから、技術的な進歩もさることながら、窓の形態には世相も大きく関係していると考えられます。

風景をつくる庭の中の窓

写真1 「母の家」の庭の壁にあけられた孔としつらえられたテーブル

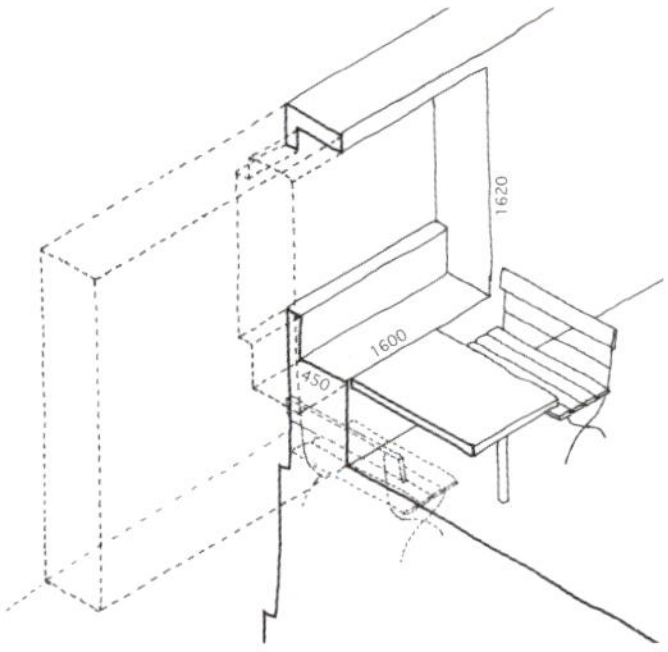

図1 「母の家」の窓廻りの構成

写真2 テーブルを囲んで座った際、「窓」によって湖と山々の風景が切り取られる

「窓」といえば、一般的には建物の内と外の境にあると考えるものだと思います。しかし、そうした一般的な「窓」とは異なり建物の外に窓がつくられる例もあります。これを「庭の中の窓」と呼ぶことにしますが、言葉で聞いただけでは理解しにくいでしょうからふたつの例を紹介しましょう。

庭に壁を建てて孔をあける

ひとつは、有名なル・コルビュジエが設計した、スイスにある「母の家」です（**写真1・図1**）。レマン湖に面した庭の一部、大きなプラタナスの木の下にコンクリートでつくった壁があり、そこに孔が穿《うが》たれています。孔の手前にはコンクリートのテーブルが壁と一体でつくられており、テーブルを囲んでベンチに座れば、「窓」からレマン湖と対岸の山々を眺めることができるようになっています（**写真2**）。

つまりここでは、壁に孔をあけることで「窓」をつくって風景を切り取り、さらにテーブルをセットすることで「窓」の近くに人が

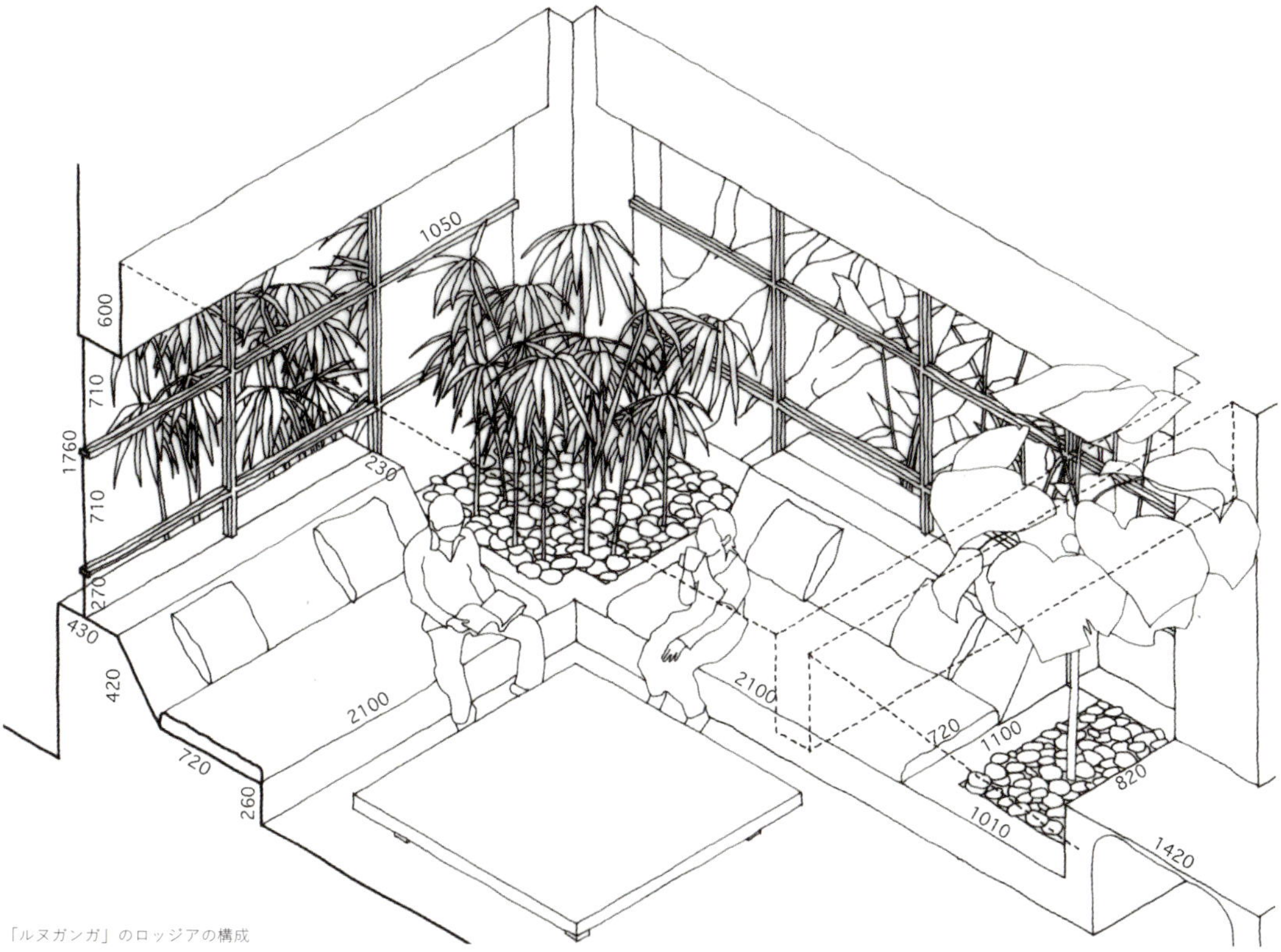

図2 「ルヌガンガ」のロッジアの構成

写真4　ロッジアを庭からみる。庭とガラスで仕切られたロッジアは内部のようにみえる

写真3　別荘「ルヌガンガ」のロッジア。正面にフィックスのガラスがはめ込まれている

寄り添う空間をつくり出しているのです。これは、普段経験している、家の中にある窓廻りの親密なふるまいを、庭へと持ち出しているととらえることができます。

外と外のあいだにガラスを入れる

もうひとつの例は、ジェフリー・バワ設計によるスリランカの別荘「ルヌガンガ」です（**写真3・4・図2**）。

写真の部分は、建築でロッジアと呼ばれる屋根の架かった外部空間で、ここにフィックスのガラス窓が入っています。

直接的な理由としては、防風のためにガラスを入れているのかもしれませんが、外と外をつなぐ部分にガラスが入っていることにより、外でありながら内部のような空間がつくり出されています。ベンチ脇に組み込まれた観葉植物は、庭の植物につながっていくようでいて、ガラスにより仕切られています。つまりここでは、ガラスが入ることで、外の緑により近づくことができるようになっています。

外というのは、拠り所のない場所ともいえます。しかしそこに孔やガラスをしつらえて「窓」をつくることにより、ふるまいの拠り所が生まれ、外にいながら内側にいるようなふるまいが発生します。庭の中の窓には、そんな力があるようです。

太陽と風をあやつる涼しい窓

写真2　孔に顔を寄せると少し涼しい風を感じることができる

英語のWindow（窓）はスカンジナビア語に由来し、Wind（風）＋Auga（目）からなる合成語です。つまり「窓」が、通風や採光、外を眺めるといった役割を担っていることが分かります。ここでは窓の重要な役割のひとつである風に注目してみましょう。

　風呂に入っているような蒸し暑さに包まれる蒸暑地域では、空気と日射を調整する窓が多くみられます。数多くある窓のなかでも、特に風をみせたり、空気を冷やして風をつくったりするなどの工夫がみられる窓を「風の中の窓」と呼ぶことにしましょう。

風を冷やす窓

　インド北西部にある都市ジャイプールの「ハワ・マハル（風の宮殿）」（写真1・図1）。年間を通して滅多に雨が降らないジャイプールでは、建物がすべて石張りのため、熱をため込んだ輻射熱で街全体が極めて暑く、なかなか気温が下がりません。

　ハワ・マハルの窓は、無数の孔があいた石の

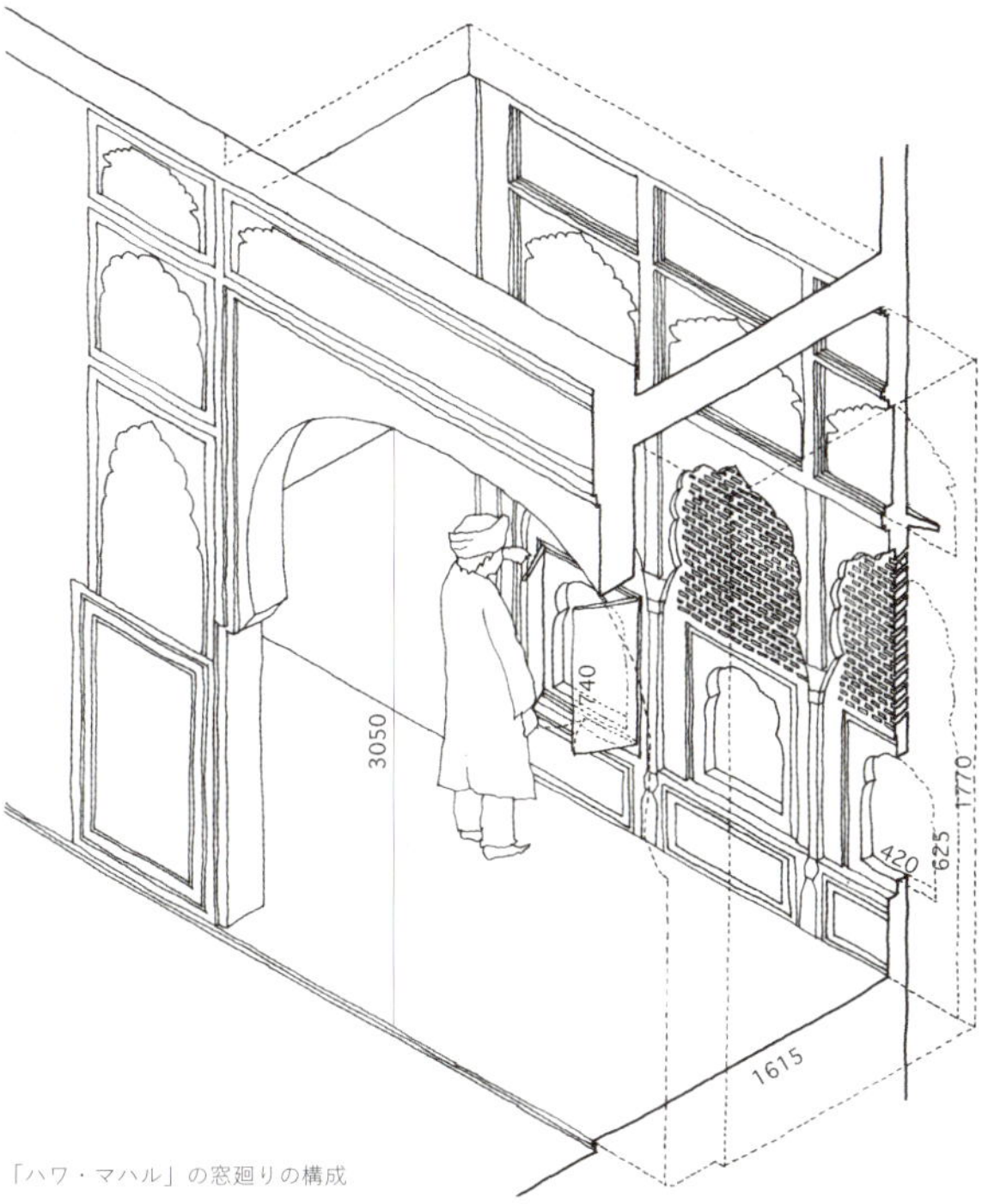

図1　「ハワ・マハル」の窓廻りの構成

写真1　無数の孔のあいた「ハワ・マハル」の石板の下にはアーチ窓があり、木の扉で開け閉めできるようになっている

右）写真3　ジェフリー・バワが設計した、「パラダイス・ロード・ギャラリー・カフェ」。庇の長さは2.7メートルにも及ぶ
左）写真4　21個の格子窓が連なった同理の四阿

板で、ガラスは使われていません。厚み7センチほどの石の板にあけられた孔は、内から外に向かって斜め上に掘られているうえ、外側にいくにしたがって広がっています。この一つひとつの小さな孔が影を含み、中庭の輻射熱はまず石板によってさえぎられ、外からくる熱風も、孔の中の影を通して冷やされます。つまり、これらの小さな孔が空気の冷却装置となるため、孔に顔を寄せると少し涼しい風が感じられるのです（写真2）。まさに風の中の窓と呼ぶにふさわしい窓といえます。

　また、スリランカの首都コロンボにある「パラダイス・ロード・ギャラリー・カフェ」の場合は、窓の外の長い庇の下に設けた水盤が冷却装置となっています（写真3）。熱い風が水盤の上を通り抜ける際、水の蒸散作用により冷やされた風が室内に入ってくるのです。

風をみせる格子窓

　風を取り込む窓でも、形が重要なのだと感心させられるのは、中国江南省の水郷・同理《トンリー》にある庭園に張り出した四阿《あずまや》です（写真4）。現在では素通し（元々は障子が設けられていた）なので、閉じていても十分に通気性が確保されているにもかかわらず、窓がわずかに突き上げられています。しかしこの形によって、水面から昇ってくる風のふるまい（動き）が視覚化され、涼気をより一層豊かに感じられるのです。

異世界をつなぐ通り抜けの窓

写真1　ドブロブニクのアクセサリーショップ正面外観

映画『ピーターパン』で、ピーターパンとウェンディが窓から出ていき、ネバーランドに向かって夜空を飛び回るシーンは、おそらく誰でも目にしたことがあるでしょう。窓を介して人が建物の内部と外部を行き来するシーンは、想像力をかきたてるファンタジックな情景描写として、多くの物語に登場します。

通常、建物の内外を行き来する経路はドアですが、内外を行き来する機能が想定されていない「窓」を通過することが、「枠組」や「制度」を乗り越える、ある種のエネルギーを感じさせるのかもしれません。

そんなエネルギーを秘めた、ドアと窓が組み合わされたものを「通り抜けの窓」と呼ぶことにします。

ふるまいが凝縮された窓

写真1・2、**図1**は、その美しさから「アドリア海の真珠」と呼ばれるクロアチア・ドブロブニクにある、アクセサリーショップです。半島すべてが城壁に囲まれている城塞都市・ドブ

写真2　半分がショーケースを兼ねたさまざまな「通り抜けの窓」が並ぶ

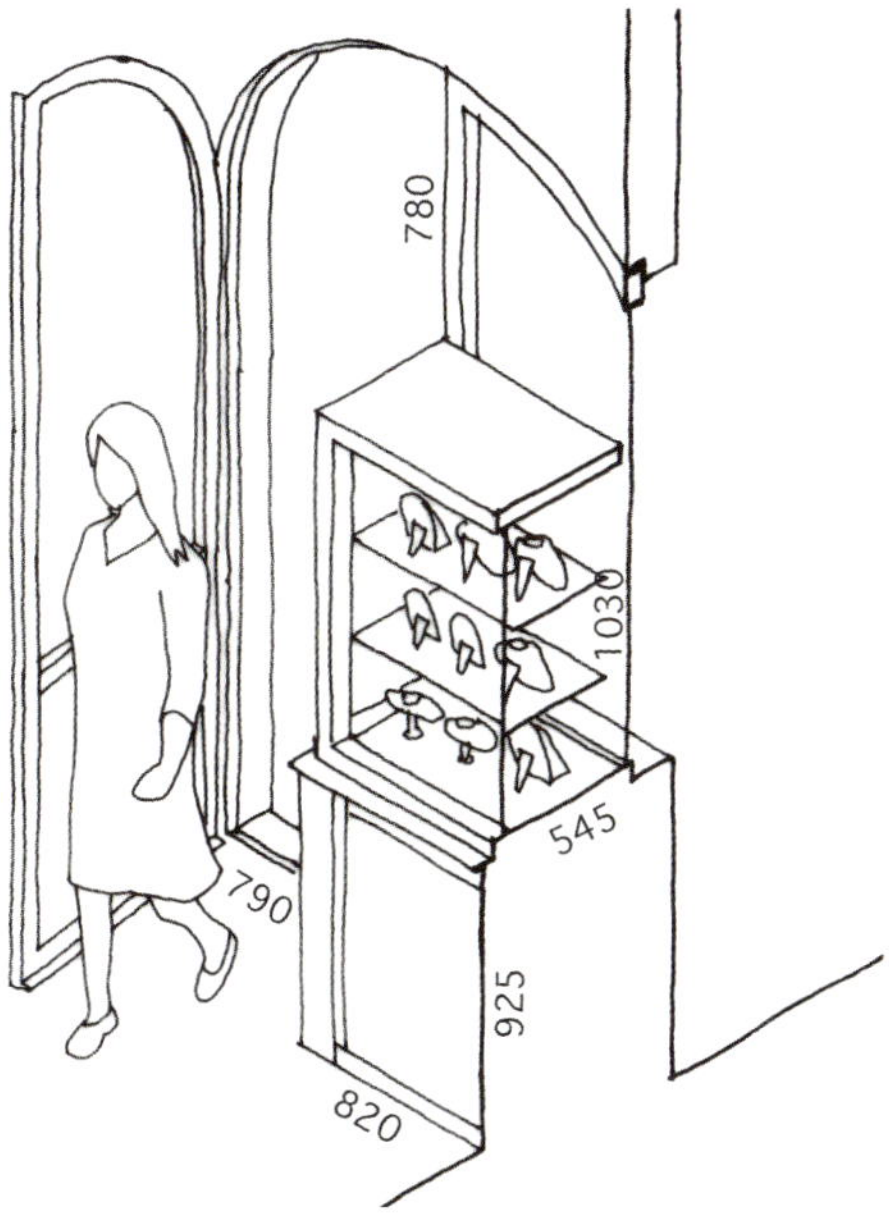

図1　アクセサリーショップの窓廻りの構成

写真3　グアルダの民家の玄関を外から見たところ。中央の扉が上下に分割され、上だけが開放された状態。出入りを制御する窓

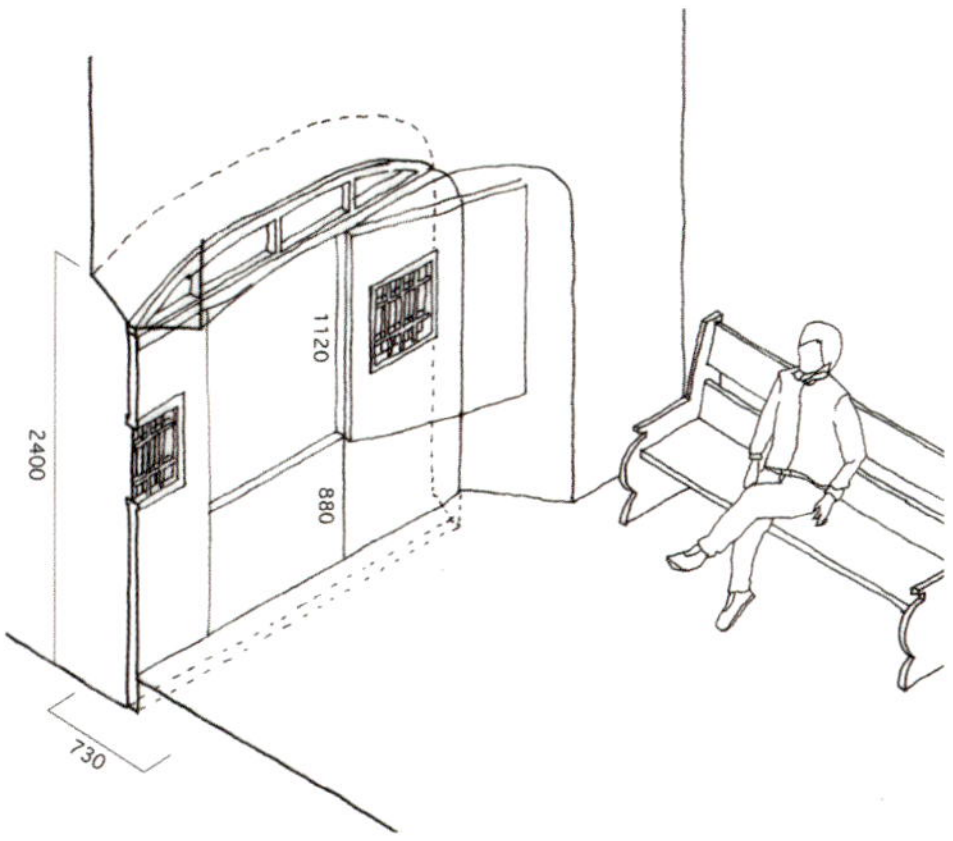

図2　グアルダの民家の玄関廻りの構成

ロブニクには、街の中央に商店が並ぶ目抜き通りがあります。ここに多くの商店が密集しているため、1店舗の間口はとても小さなものとなり、道路に面する部分には窓がほしいけれど、ドアもほしいという状況が生まれます。そこでニーサイドウインドウと呼ばれる、窓とドアが一体となったアーチの開口部がつくられるようになったようです。

ニーサイドとは、窓部分の下の壁が膝のようにみえることからの呼び名でしょう。半分がショーウインドウで、半分が出入りするドアというこの形式には、「出入り」と「飾る」というふるまいが複合されています。

写真3・図2は、スイス・グアルダにある民家の玄関です。昔は納屋の入り口だったのかもしれません。ここでは、よく馬小屋でみられるように扉が上下に分割され、別々に開閉できるようになっています。全開放したときには人の出入りが許されますが、写真のように上だけ開けておけば、風と光を呼び込みつつも、気軽に内部へ入ることはできません。しかし、玄関先から室内にいる人を呼んだり届いた荷物を受け取ったりすることはできます。つまり開閉の仕方を変えることで、自然や人のふるまいが調整されるということです。

「通り抜けの窓」は、通り抜けられることとそれを制御することの狭間で、さまざまなふるまいを生み出しているのです。

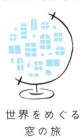

心地よい居場所をつくる座りの窓

建物をつくることは内部をつくることであり、内部がつくられることにより外部が生じます。つまり建物がつくられた時点で、人は無意識のうちに内外の差を強く意識しているといってもいいでしょう。

たとえば家の中にある机のすぐ先に樹木があるとします。しかし建物の囲いがつくり出す領域によって、距離としては窓の外の樹木の近くにあるはずなのに、家の正反対の位置にあってもっと離れているキッチンと本棚のほうが、家の中にあるというだけでより強くひとつのまとまりとして感じられます。こうした建物の囲いに対する領域性を揺るがすのが「座りの窓」です。

写真1　ボウネス・オン・ウィンダミアの住宅の窓辺。つくり付けられたソファの向こうに広大な自然の風景が広がる

風景のなかにいるような感覚

人は光があるところを好む性向があります。窓辺に座るところをつくることは、好ましい場所に、より安定した状態でとどまることを可能にします。ソファやベンチなど、あらかじめ座る場所がある窓辺では、手を伸ばせば届きそうな木の枝や通りを歩く人々の存在感などを強く意識することができます。

たとえばイギリス、ボウネス・オン・ウィンダミアにある、ベイリー・スコット設計の住宅では、光が降り注ぐ気持ちの良い窓辺のソファから、湖と草原、庭の緑を見下ろすことができます（**写真1**）。宙に浮いたようなその場所では、窓辺と風景が一体となり、「家の中」より「風景の中」にいる感覚になるのではないでしょうか。

写真2　ブリスベンのパブ。アーケードに面した窓が大きく開放され、カウンターを中心とした内外一体の居場所となる

内と外ではなく窓辺を中心とする空間認識

こうした窓辺のしつらえがもっと直截的に表現されている例がオーストラリアのブリスベンにはたくさんあります。**写真2・図**はパブの例で、道路に面して折れ戸によって開放された窓辺にカウンターがセッティングされています。仲間が集まれば、窓を挟んで内側でも外側でも好きなところで一緒にビールが楽しめます。

「座りの窓」で、心地よい窓辺に長くいることで、外の風景やさまざまな現象に出会い、ともに時間を過ごすことができるのです。

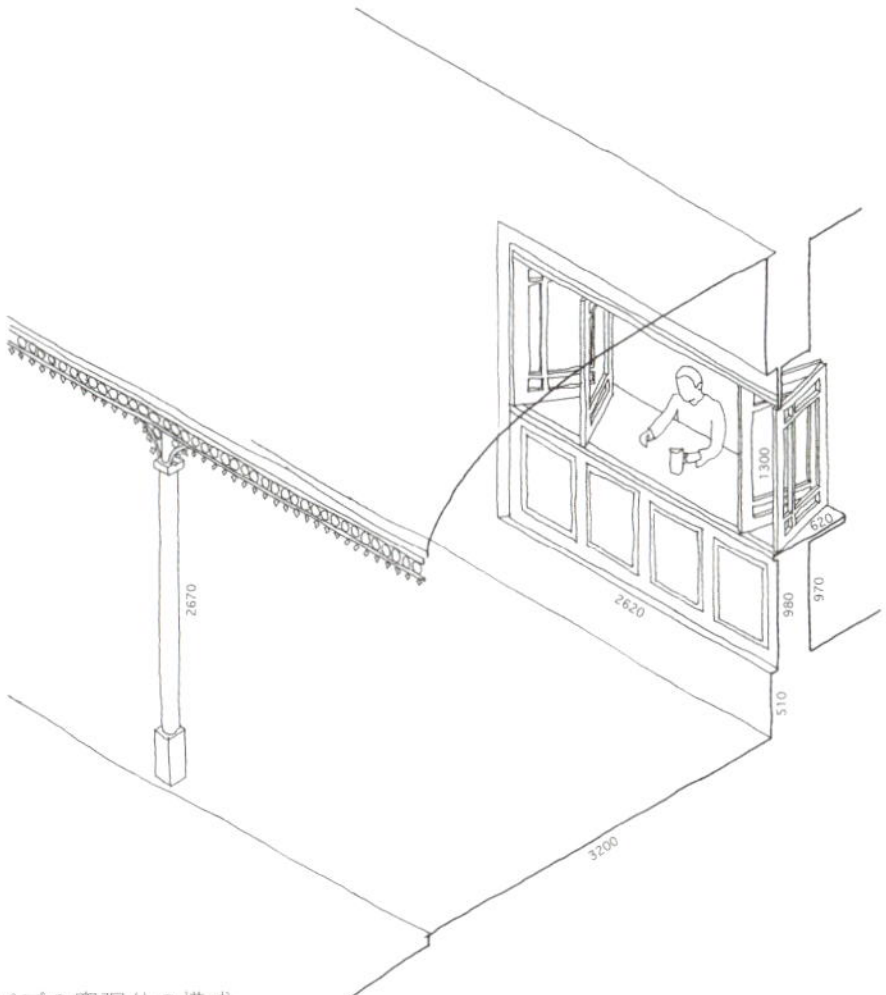

図　パブの窓廻りの構成

写真１　「シラヌーズ」の窓辺。上部にフィックス窓、下部にはガラス折れ戸が設けられている

街の風景に参加する物見の窓

窓をつくるとき、採光や通風に加えて意識するのが、眺めの良さではないでしょうか。遠くを眺めることが重要な目的だった戦の時代が過ぎ去り、今日では街路を行き交う人や車や動物を眺めるためのものになっています。

ここでは遠くの街路や風景を見渡すことのできる窓を「物見の窓」と呼ぶことにします。つまり眺めの良い窓のこと。ただし、単に眺めが良いだけではなく、窓辺に居場所があって外部からもみられる窓です。

窓が織りなす風景

イタリア南部ソレント半島のアマルフィ海岸・ポジターノにある有名高級ホテル「シラヌーズ」に、魅力的な「物見の窓」があります。それは、奥行きのあるアーチ窓で、室内であるにもかかわらず、天井面にはブーゲンビリアが茂っています（**写真１**）。

外に目を向けると、空と地中海が水平線で接していて、そこに家々に覆われた斜面が雪崩落ち、教会のキューポラ（半球形の屋根）の

写真2　アマルフィの目抜き通りの窓。内側にガラスの両開き戸、外側にベネシアン（ガラリ付き雨戸）が設けられている

垂直性がそれを受け止める、そのすべてをひとつのフレームに納めています。夢のようなダイニングです。

ポジターノがすばらしいのは、ホテルシラヌーズだけでなく、どの建物もほとんどの窓が海に面していること。そうした海や街への眺望が、価値として共有され、建物のふるまいがそろうことで美しい街並をつくり出しているのです。

コミュニケーションする窓

もうひとつ「物見の窓」と呼ぶにふさわしいのが、アマルフィでみつけた、住人のおじさんがいつも街の目抜き通りを見下ろしている窓です。

その窓台にはたばこ、灰皿、眼鏡、ラジオなど、おじさんの身の回りのモノが集められ、いつまでも街を見下ろせる居場所となっています（**写真2**）。事実、彼は窓から身を乗り出し道行く知り合いに声がけして積極的に街とコミュニケーションを取ろうとしています。イタリアではこうした光景がめずらしくありません。高層階の建物の窓では成立しない交流でしょう。

外からみられることを受け入れにくい人も多いと思います。しかしながら窓は一方的に外を眺めるものではなく、双方向なもの。自分の家の窓が街の風景をつくることに参加しているという意識をもつ必要を教えてくれます。

住まいにとって窓は最大の矛盾だった？—民族学からみる窓の起源

MADOGAKU COLUMN 01

佐藤浩司
建築人類学者
国立民族学博物館准教授

人間を守る住まいと外界へ触れる窓

人間の住まいの本質は、自然の厳しさから守られて、大地に抱かれて安心して眠るところにありました。しかし一方で、窓がなければ外界と接点をもてず、人間生活をおくることはできません。つまり、人間の住まいの歴史は、窓という矛盾を抱えて出発したのです。

竪穴住居と天窓

住まいの原型は閉じていました。北ユーラシアから北アメリカの地域では、土で屋根を覆った土小屋の住まいがつくられました。土小屋の天頂には構造上閉ざすことのできない空隙があります。住人たちは煙出しを兼ねたこの天窓から出入りしていました。それどころか、人の誕生や死に際して、魂もまたこの天窓から出入りすると考えられていたのです。土小屋はモンゴルの天幕ゲルやイヌイトの氷の家イグルーのような変化を生み出し、現在の民家にもその原型は引き継がれています。

北アメリカ大陸西部の高原地帯に暮らすインディアンは、冬の間だけ血縁関係にある者たちが集まり、河川の流域に3〜4棟の竪穴住居からなる定住キャンプで生活しました。トンプソン・インディアンの竪穴住居では、直径約7メートルの円形に地面を掘りこみ、樹皮を剥いた4本の丸太を突き立てて支柱としています（写真1）。この軸組に垂木を密に立てかけ、隙間にはぎっしりと松葉屋や枯草を詰め、下張りした杉皮に

写真1　トンプソン・インディアンの竪穴住居
画像出典：J. A. Teit "The Thompson Indians of British Columbia" 1900

写真2　コリヤークの半地下住居
画像出典：Waldemar Jochelson "The Koryak" 1908

掘り出した土を被せて踏み固めました。この竪穴住居でも、屋根の頂上に小さな天窓があります。

また、カムチャッカ半島に住む先住民のコリヤークは半地下式の竪穴住居をつくりました。屋根の天窓以外に、海に面した側に2つめの戸口を設け、漁撈《ぎょろう》を行う夏の間だけ開放していました（写真2）。冬がやってくると前室の戸口を草や土でふさぎ、食料を保管するための冷凍庫にします。前室の屋根には人ひとりがやっとくぐれる程度の穴があり、女・子供と女を演ずるシャーマンだけが、冬の間でもこの穴を通って出入りしていました。

さまざまな民族の暮らしと窓

北海道アイヌの家屋チセでは、天窓に代わるものとして東（あるいは山側）の壁にカムイ・クシ・プヤル（神の通る窓）が穿たれました（写真3）。この窓は非常に神聖なもので、外から屋内を覗くことは禁忌とされます。狩猟でとらえた熊の死体はこの窓から室内へ運ぶ習慣がありますが、これはそうすることで熊の神の霊が炉辺に降りてきて、火の神や家の神と歓談するという伝承のためです。

さらに、モンゴルの天幕ゲルにある天窓も、天上界と地上を繋ぐ通り道として、シャーマンだけが両界を繋ぐ役割を担いました（写真4）。天窓に立てた白樺の木をシャーマンがよじ登り、天窓から身を乗り出して病人の魂を呼び寄せるという儀式があります。死者の霊魂はゲルの敷居をまたぐことができないと考えられており、遺体を運び出す際にはわざわざ入口右手の壁をもち上げて運び出したのです。

先史時代の竪穴住居に由来する住まいの系譜は、北ユーラシアから東南アジア、北アメリカまで広範囲に及んでいます。人間が住まいをもったとき、その生活空間は囲われることではじめて誕生しますが、そこには必ず外界とつながる穴、すなわち窓が必要になります。窓をもつことで、はじめて人々は外の世界と結びつき、そこからさまざまな人間の物語が生まれたのです。

写真3　北海道アイヌの家屋チセ
撮影：佐藤浩司（2011年撮影、国立民族学博物館展示）

写真4　モンゴルの天幕ゲル
撮影：佐藤浩司（2011年撮影、国立民族学博物館展示）

スペイン、セビーリャ。15 世紀に建てられた「ピラトの家」という豪邸の庭の石細工で飾られたアーチ。ツタの葉で覆われた窓台には、大理石の裸体の彫刻が横たわる

CHAPTER

05

人と地球にやさしい窓

寒い家は万病を引き起こす

ボーダーラインは18℃

鎌倉時代の随筆家・吉田兼好《よしだけんこう》は『徒然草《つれづれぐさ》』において「住まいのつくりやうは、夏をむねとすべし。冬は、いかなる所にも住まる」と書き記しています。たしかに日本の夏は高温多湿で、その暑さは尋常ではありません。とはいえ熱帯気候の国々とは異なり、一年中暑いわけではなく、冬の寒さをしのぐには暖房が不可欠です。にもかかわらず、日本の住宅はいまだに断熱性能が低いのが実情です。エコ住宅という言葉をよく耳にするようになりましたが、省エネ基準をクリアしているのは、近年新しく建てられた家のうちおよそ5割のみ。既存の戸建て住宅を含む全国5200万軒を対象にすると、その普及率はわずか5％にすぎません。

ここで重要なことは、断熱性能の低さは、冬の室内温度の低さ（寒さ）に直結することです。住まいの環境と病気の因果関係について、最も研究が進んでいるイギリスの保健省によれば、「住宅内の温度が低いと高血圧になり、循環器疾患につながる」といいます。そのため、同保健省では国民に対して、日中のリビングの最低室温を21℃に、夜間の寝室の最低室温を18℃にするよう推奨しています（図1）。

図1　イギリス保健省による冬期室内温度指針

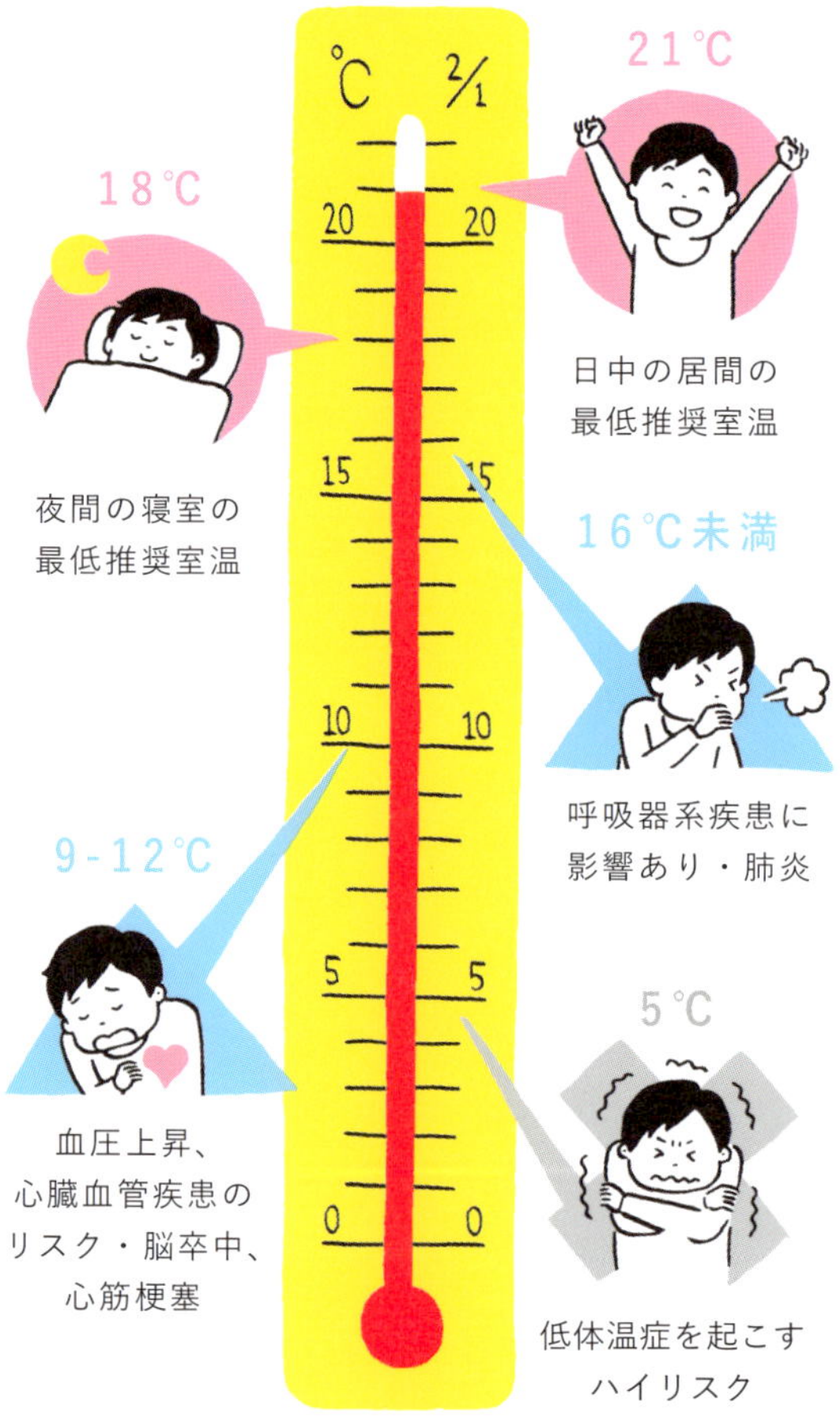

住宅における健康性と安全性を評価したイギリス保健省の HHSRS（Housing Health & Safety Rating System）によるもの。2009 年の WHO の報告書でも、室内の寒さは健康に影響を及ぼすことが指摘されている

寒い地域ほど死亡率が低い？

これもまたイギリスでの調査結果になりますが、ヨーロッパでも、フィンランドやドイツなど冬期の気温がマイナス20℃以下になる極

図2　高性能の窓の普及地では冬の死亡増加率が少ない

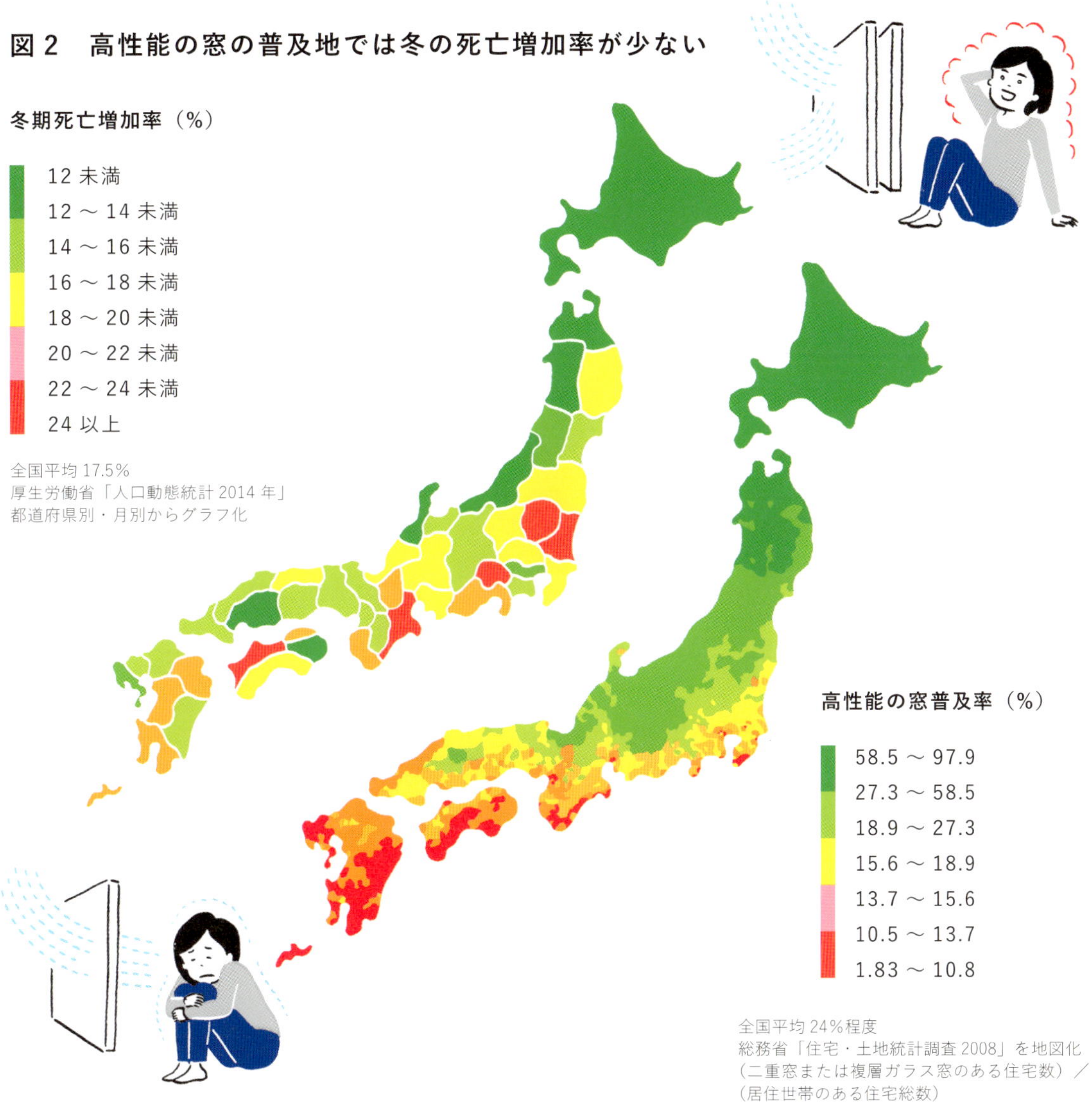

全国平均 17.5%
厚生労働省「人口動態統計 2014 年」
都道府県別・月別からグラフ化

全国平均 24%程度
総務省「住宅・土地統計調査 2008」を地図化
（二重窓または複層ガラス窓のある住宅数）／
（居住世帯のある住宅総数）

寒地より、ポルトガルやスペインなど比較的温暖な国のほうが、冬の死亡増加率が2倍程度高いことが明らかになっています。

　これは、寒い地域ほど家の断熱性能が高いためだと推測されます。逆に、温暖な国々には古い家が多く、断熱性能に対する意識も低いため、家の中が寒いというわけです。

　こうした実状を踏まえ、イギリスでは健康的な温度の指針を示すばかりでなく、国民の健康維持に努めるために住宅法の一部を改正。賃貸住宅で健康・安全面の欠陥が認められた場合、家主に対して建物の改修・閉鎖・解体の強制命令、罰則を与えるとしています。

高性能の窓普及率から分かること

　一方、日本でもヨーロッパと同様、寒い地域ほど冬の死亡増加率が低いという結果が出ています。実はこの結果は、高性能の窓の普及率を示す分布図によく似ています（図2）。地域別にその普及率をみると、普及率が6割を越えているのは北海道、青森県、山形県、岩手県、そして長野県の一部であり、南下するほど普及率が下がっていることが分かります。つまり、高性能の窓が住まいの寒さを緩和し、冬の死亡率抑制に貢献している可能性を示しているのです。窓改修で多くの人の健康が維持できれば、社会問題となっている医療費や介護費の削減にもつながるかもしれません（→106ページ）。

冬のお風呂で事故が多発するわけ

上下水道が完備され、エアコンや冷蔵庫が当たり前の現代日本の住まいは、昔と比べると桁違いに衛生的になりました。おかげで伝染病は著しく減少し、人間の寿命も大幅にのびたと考えられます。

そのため、現在では「住環境が原因で健康を害する」と考える人は極めて少ないに違いありません。ところが実際の統計データをみると、日本の住まいは必ずしも安心して暮らせる状況とはいえないことが分かります。

家の中は危険がいっぱい

厚生労働省の人口動態統計によると、2012年の交通事故による死者数は、およそ6000人。決して少ないとはいえませんが、それでも交通事故死がピークだった1995年と比較すると半数以下に減少しています。一方、家庭内事故による死者数をみてみると、残念なことにその数は増え続け、'12年には約1万5000人にも及びました(図1)。なかでも、浴室内での溺死事故の増加が著しく、家庭内事故の約3割に相当します(図2)。さらに、浴室内での事故を原因とする病死扱いの死者まで含めると、その数は約1万9000人。つまり交通事故死の3倍以上に上るのです。

冬期の住宅では、暖房のある居間と暖房のない脱衣所や浴室との温度差が10℃以上になることもめずらしくありません。こうした家では、入浴する際に暖かい居間から寒い脱衣所や浴室へ、さらに熱い湯船へと移動を重ねることになり、短時間のうちに急激な室温変化を経験します。この激しい温度差が血圧の急上昇・急低下を招くのです。これがいわゆるヒートショックです。

ヒートショックは体に大きな負担をかけ、脳出血や脳梗塞、心筋梗塞など、死亡につながる病を引き起こすリスクを伴います。そのため、これまでは浴室内の事故といえば、そ

図1　交通事故より多い
家庭内事故の実態

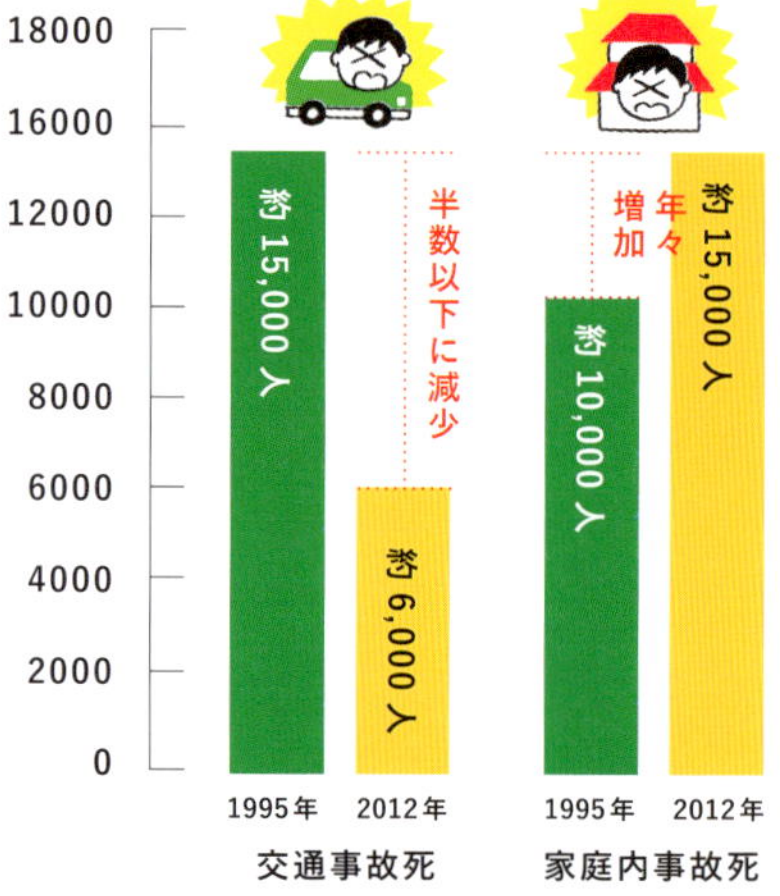

図2　家庭内での不慮の事故

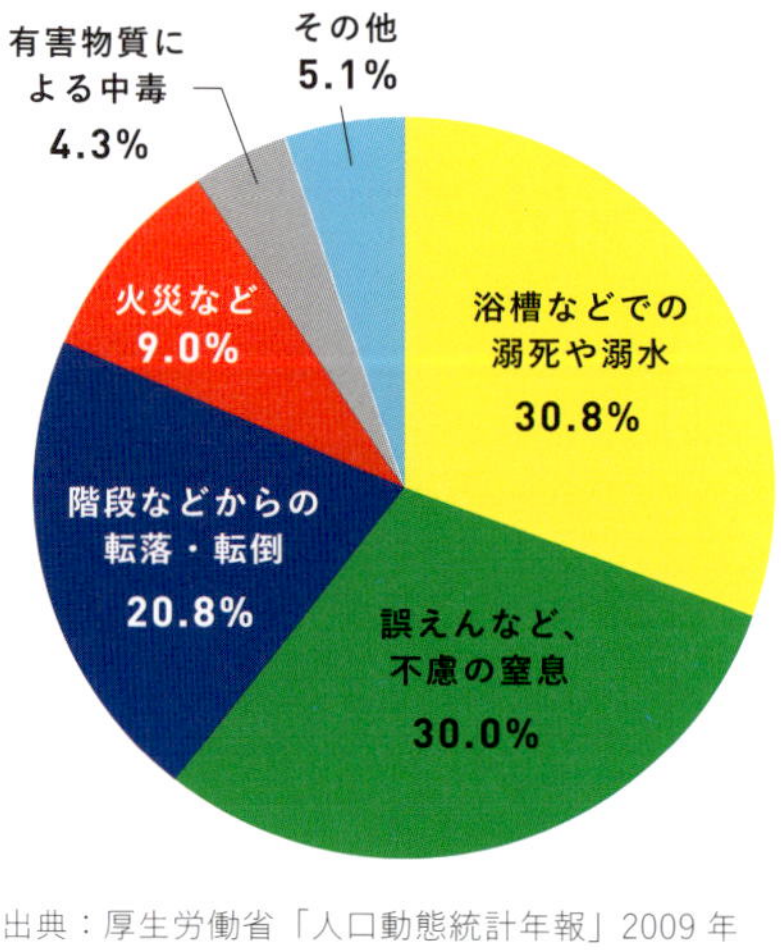

出典：厚生労働省「人口動態統計年報」2009年

冬の長湯は要注意！！

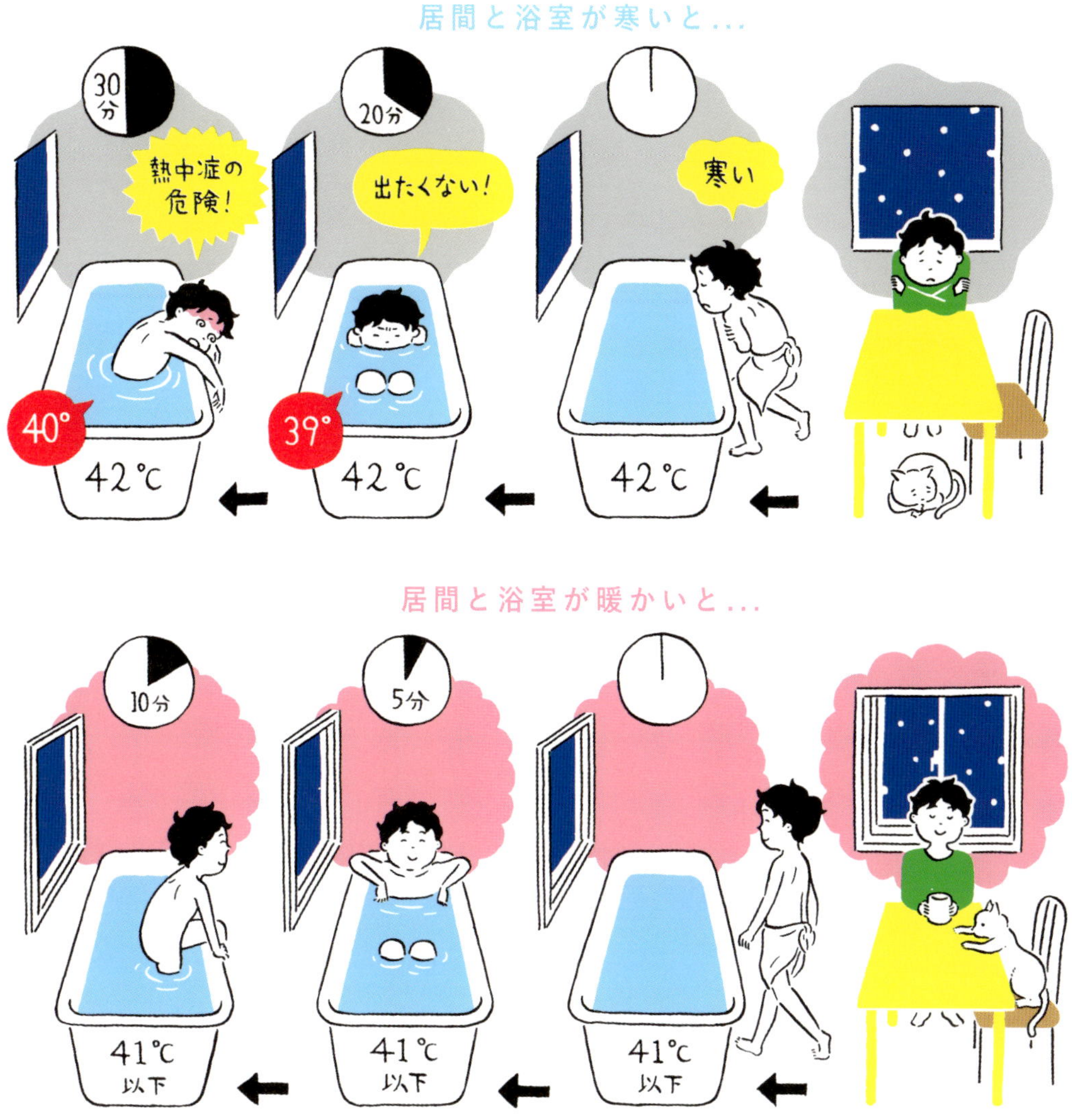

の原因はヒートショックととらえられていました。ところが、医療現場からの報告によって、入浴時の事故によって救急搬送されたケースでは、心肺停止や意識障害の患者が多いことが分かってきたのです。近年では、ヒートショックばかりでなく、熱い湯船に長い時間浸かることによって体温が上昇して発症する熱中症も、入浴中の溺死事故の一因と考えられるようになっています。

寒いのに熱中症になるわけ

寒い浴室では、冷えた体を温めようとして、熱い湯船に長く浸かる傾向があります。そのため、入浴中に体温が上昇してしまい、気がついた時にはのぼせて体が動かず、浴槽から出られなくなって溺れてしまうケースが多くみられるのです。

日本人の平均的な入浴温度42℃を例に紹介しましょう。たとえば20分間湯船に浸かると高齢者の平均体温は39℃に上昇、30分間では体温が40℃を超えて危険な領域に入るといいます。

では、入浴時の熱中症を未然に防ぐには、どうすればいいのでしょう。それは、浴室全体を暖かくすることです。浴室内が暖かくなれば、長湯の必要もなくなるに違いありません。96ページでも紹介したとおり、室内の熱が最も逃げる場所は窓です。ですから、最低限でも高性能の窓に改修して、脱衣室や浴室に暖房を設置することが望まれます。

窓は健康寿命の鍵をにぎる

室内の寒さが、病気の引き金になることを92ページで紹介しました。しかし、病気になる要因は住環境に限ったことではありません。食事や睡眠といった、生活習慣によるところも少なくないはずです。

では住環境と生活習慣では、どちらのウエイトが大きいのでしょうか。ある研究では、生活習慣が5割、住環境が2〜3割という結果が報告されています。とはいえ、冬に室内が暖かい家では、寒い家に比べてより活発に体を動かせるともいわれています。体力が増せば気持ちが前向きになり、外出が増えるなど、生活習慣の変化が期待できるに違いありません。このように住環境が良くなることで生活習慣まで改善できると考えると、住環境のほうが健康に及ぼす影響は、かなり大きいといえるのではないでしょうか。

室温が低いと運動量が減る

では、断熱性能をアップすると、運動量にどれほどの違いが生まれるのでしょうか。たとえば断熱性能が不十分な家では、生活の中心となる居間の室温の日較差（1日のなかでの最高温度と最低温度の差）が10℃あることもめずらしくありません。しかし、日較差が10℃あると、1日の運動量は1400歩相当減少することが明らかになっています。さらに、居間と寝室、居間とトイレなど、居間とそれ以外の部屋の温度差が10℃ある場合には、2000歩相当の運動量が減少するのに等しいのです（図1）。

これまでの統計によれば、1日4000歩相当の運動量で引きこもりや鬱病の予防につながり、5000歩相当以上で認知症、7000歩相当以上で骨折、8000歩相当以上では高血圧・糖尿病、1万歩相当以上でメタボの予防につながるといわれています。

事実、寒い家で暮らしている人と、暖かい家で暮らしている人とでは、要支援・要介護を受け始める年齢に4歳以上の開きがあることも分かっています（図2）。

さらに、若い頃から高断熱の家に住み続け

図1　部屋が寒いだけで運動量は減少する

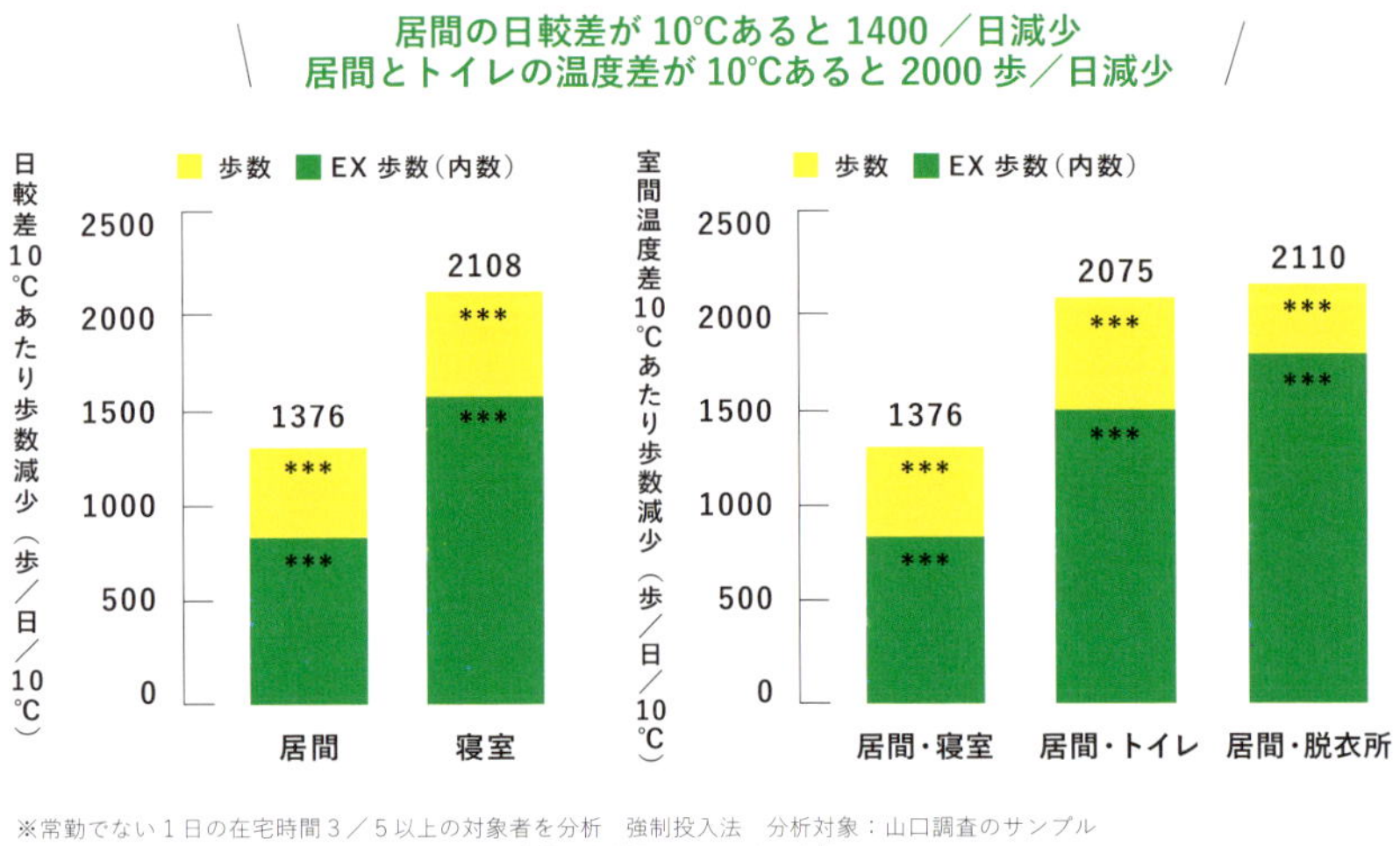

※常勤でない1日の在宅時間3／5以上の対象者を分析　強制投入法　分析対象：山口調査のサンプル
*：p < 0.10,**:p < 0.05, ***:p < 0.01　　EX歩数：活動量3met以上の歩数

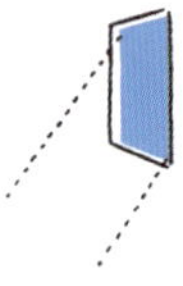

図2　暖かい住宅は健康寿命をのばす可能性がある

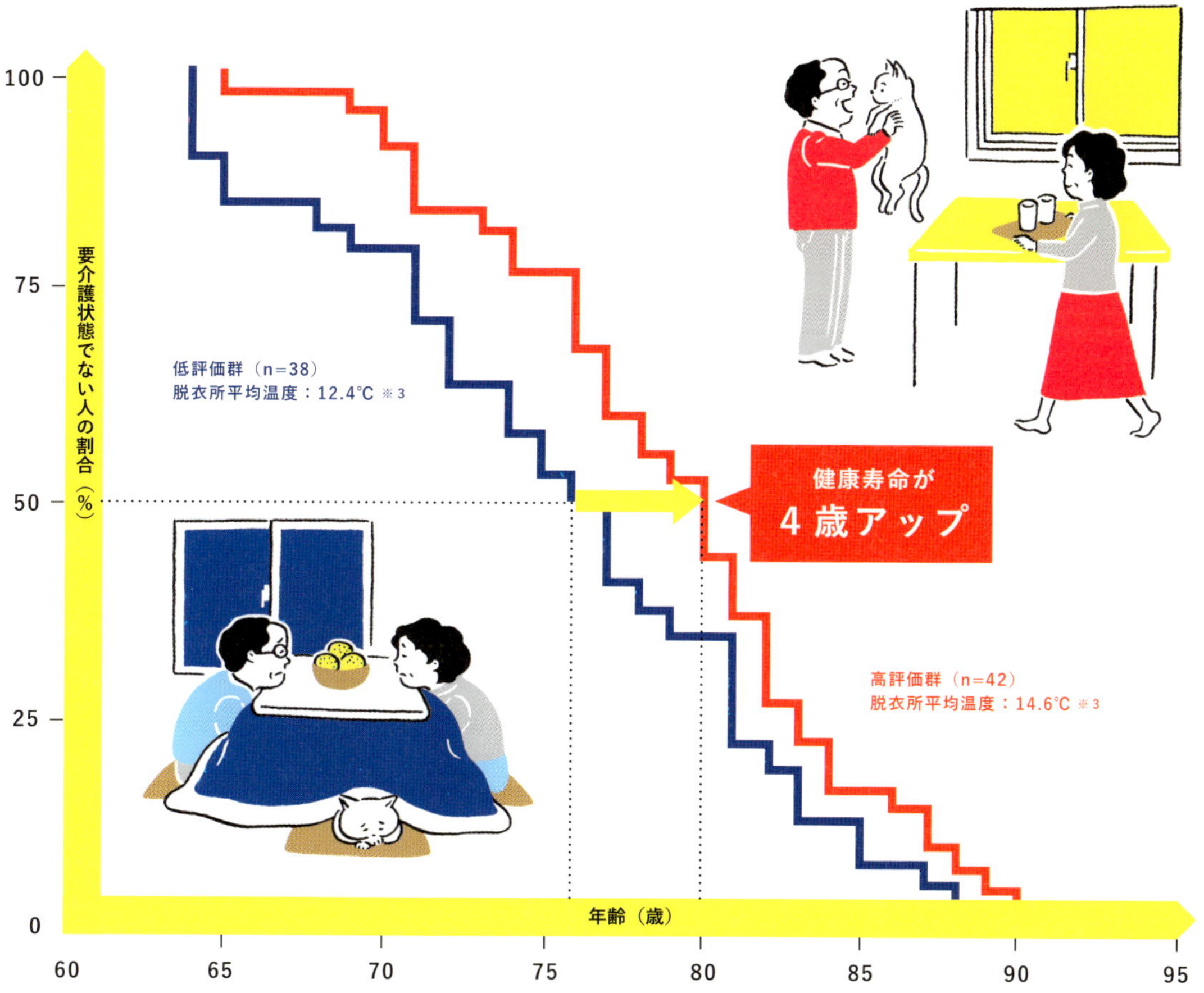

※1　脱衣所で冬に寒いと感じる頻度が「よくある」「たまにある」と回答した者を寒冷群、「めったにない」「まったくない」と回答した者を温暖群に分類

※2　両群に個人属性（性別、BMI、学歴、経済的満足度、同居者の有無）の差がない（χ 2検定で $p>0.05$）ことを確認

※3　t検定で $p<0.05$　林郁江、伊香賀俊治、星旦二、安藤真太朗：住宅内温熱環境と住居者の介護予防に関するイベントヒストリー分析、一冬季の住宅内温熱環境が要介護状態に及ぼす影響の実態調査一、日本建築学会環境系論文集 第81巻第729号、2016.11

れば、健康寿命は8年以上のびると推定されています。

　充実した老後生活を楽しむために、暖かい家で暮らすことがいかに大切か、納得いただけたでしょうか。しかし、高齢者にとって断熱性能を上げるために高額な費用のかかる全面リフォームや建て替えを行うことは、現実的とはいえません。

　そこで、健康寿命をのばすために効率よく室温を上げる簡便な方法を紹介します。

室温2℃は1400歩の運動量に相当

　そもそも、室内の熱はどこから逃げているのでしょう。実は、住宅内で最も熱の損失率が高いのは窓なのです。およそ50％の熱が、窓から失われています。

　もちろん、壁や床や屋根などからも熱は逃げていきますが、無断熱の住宅でない限り、熱の損失率は窓ほど大きくありません。ですから、一番無防備な窓を断熱性の高いものに改修すれば、2℃ぐらいの室温アップは期待できるはずです。ある程度断熱されている住宅ならば、窓改修だけでも相当な効果が出るでしょう。

　「たかが2℃」と思うかもしれませんが、室温の2℃アップは、1400歩の運動量に相当します。つまり、窓の断熱性能をアップするだけで、健康寿命を4歳のばすことも夢ではないのです。

夏の暑さを窓でシャットアウト

地球温暖化に伴い、夏の気温は上昇する一方です。2007年に、1日の最高気温が35℃以上の日を意味する「猛暑日《もうしょび》」という言葉が誕生したことからも、近年の気温上昇の著しさがうかがえます。

記録的な暑さ（夏の平均気温が過去113年間で最高）に見舞われた'10年には、熱中症患者が急増しました。なかでも東京都では救急搬送者が4679人に達し、全国で最多となったといいます。この数は、前年（'09年）のおよそ6倍にもあたります。

熱中症は梅雨が明けた7月中旬から8月上旬の時期に特に多く発生し、なかでも正午および午後3時前後の日中が最も多いといいます。「炎天下で過激な運動をしたのだろう」と思われがちですが、'10年に救急搬送された人のおよそ4割は、屋外ではなく室内で発症しており、その7割が高齢者でした（図1）。

室内、夜間も油断できない

実は日差しのない室内でも、高温多湿・無風の環境では熱中症の危険が増します。ところが、一般的に高齢になると体温の調節機能が低下し、熱さやのどの渇きを覚えにくい傾向がみられます。そのうえ、高齢の方は節電や節約意識が高く、エアコンの使用を控えがちなため、熱中症が重症化してしまうのです。

さらに厄介なことに、熱中症は気温が高い日中だけでなく、夜間に発症するケースも増加しています。つまり、本人や家族が気づきにくい就寝中の熱中症にも気を配らなければならないわけです。

そこで、日本救急学会熱中症に関する委員会（'06年発足）では「熱中症データベース」として、熱中症患者に関する調査結果をまとめ、「高齢者住宅の住宅内熱中症リスク評価モデル」を開発しています。

夜間熱中症について、'10年の一例をご紹介しましょう。

7月の朝、東京都内で暮らす高齢の女性が救急搬送されました。女性の住まいは南向きの集合住宅で、中間階（1階と最上階のあいだ

図1　高齢者ほど熱中症になりやすい

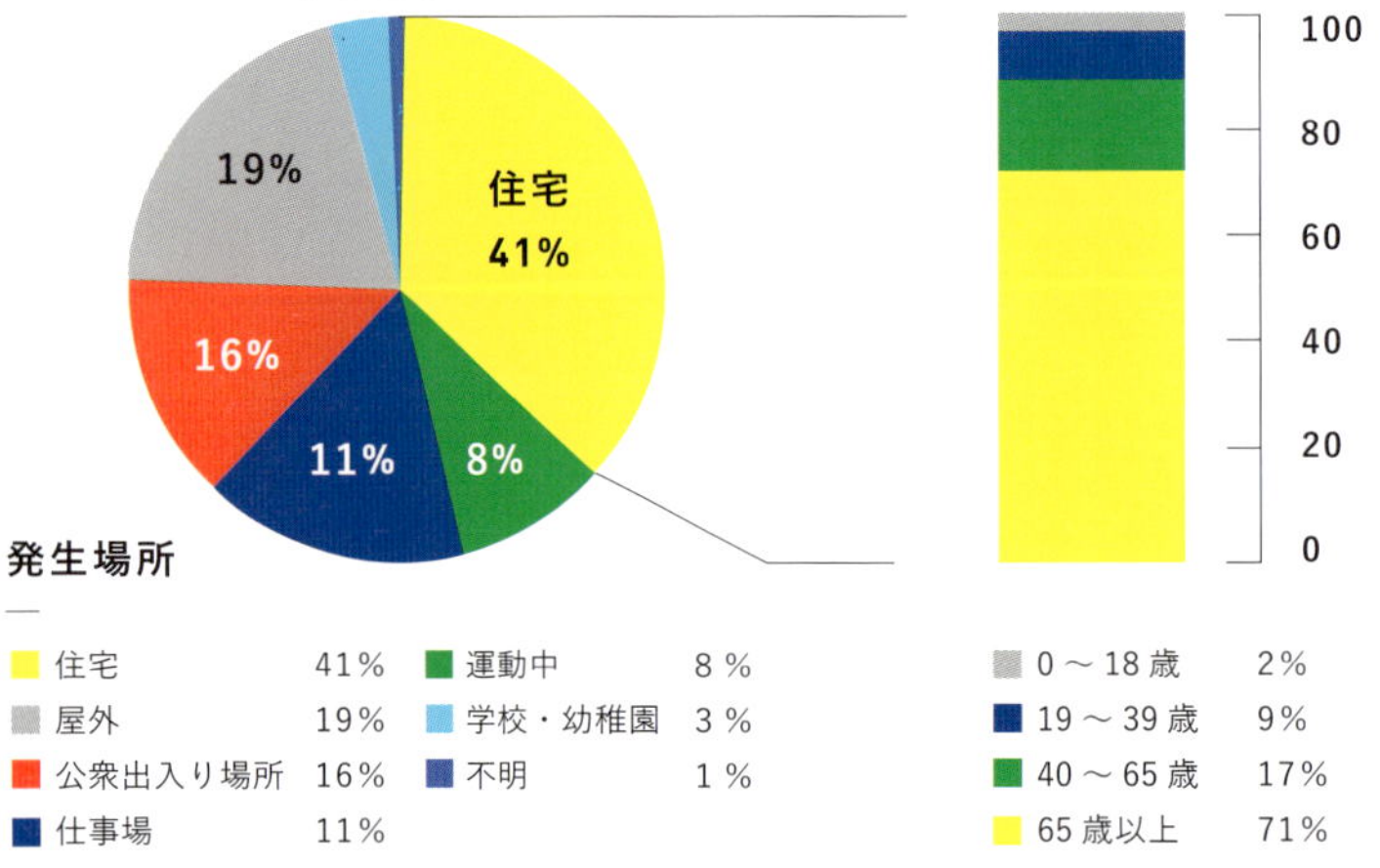

出典：国立環境研究所 熱中患者速報ホームページより

図2　住居内に侵入する熱の7割は窓から

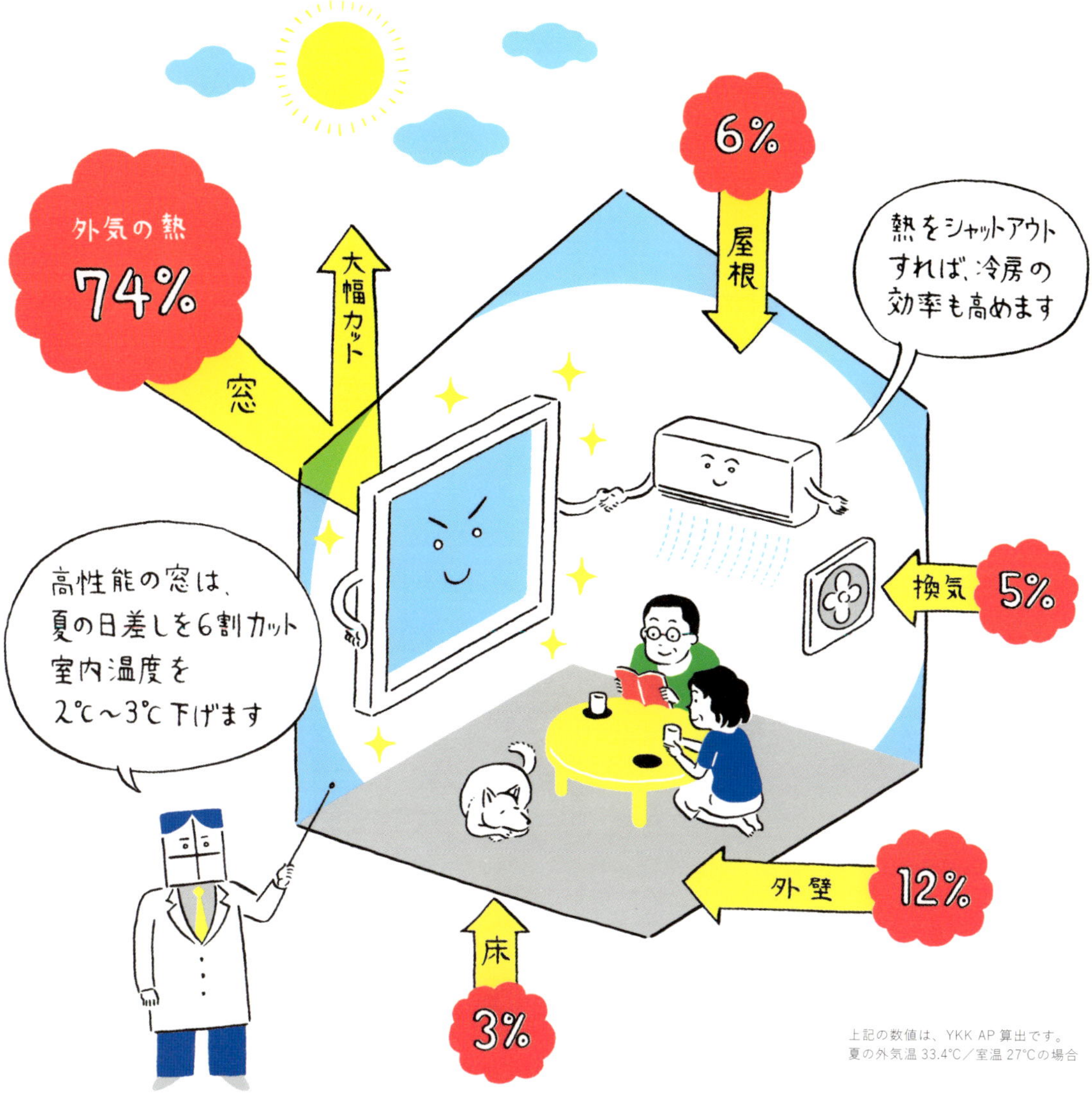

上記の数値は、YKK AP 算出です。
夏の外気温 33.4℃／室温 27℃の場合

のフロア）で角住戸ではありませんでした。

一般にこのような中間階の中間住戸は、最上階住戸や角住戸に比べて外気と面している割合が少ないので、冬暖かく、夏涼しいといわれています。しかし、評価モデルにしたがってコンピュータ上で当日の室内温度および湿度、放射温度、体温の推移を再現したところ、夜10時の室内温度は、31・8℃もありました。また、屋外の温度が24・3℃まで低下した早朝5時でさえ、室内温度は29・8℃、相対湿度は90％を記録。いかに蒸し暑い状態だったかが分かります。朝7時の女性の体温は39℃に達していました。

高性能の窓で熱中症を予防する

92ページでは、「高性能の窓に改修して、断熱性能をアップすれば寒さによる病気のリスクを軽減できる」と紹介しましたが、実は夏の熱中症予防にも高性能の窓が有効なのです。

冬の室内の熱が窓から大量に逃げるように、夏の外気の暑さもまた窓から室内に侵入します。その割合は全体の70％以上にもなります。ですから、複層ガラスの窓や樹脂サッシの窓に改修して断熱性能を上げれば、熱の侵入を大幅にカットできるのです。

熱を窓でシャットアウトできれば、当然のことながら冷房の効率も上がります。つまり、窓を改修するだけでも熱中症はかなり回避できるわけです。

窓ごと改修で快適な暮らしを実現する

戸建て住宅の窓を改修する動機として最も一般的なのは、外の冷気を室内に伝えないようにしたい、ということではないでしょうか。実際に量販店を見渡せば、ガラスに張る遮熱フィルム、吹き付ける断熱スプレー、窓の下に置く冷気止め、コールドドラフト（窓に接した空気が冷やされて下降すること）を防ぐ暖房機器など、「窓からの寒さを防ぐグッズ」はたくさん市販されています。こうしたグッズを正しく使えば、寒さ対策として一定の効果はあるでしょう。しかし、たとえば、窓ガラスに遮熱フィルムを張ると、条件によって日中陽が当たって高温になる部分と、当たらない部分で温度差が生まれてガラスが割れてしまう「熱割れ現象」が起こることもあります。また、技術をきちんと身につけていない人がフィルムを張ると、ムラができてすぐに交換しなければならなくなるという余計な手間も起こってしまいます。長い目でみたときには、より根本的に、窓枠ごと断熱性に優れたものに取り替える対策が一番なのです。

どんどん増えている寒さを防ぐ窓工事

とはいえ、やはり戸建て住宅の窓を取り替えることは「大工事」のように思われがちですし、それなりにコストもかかります。そのために、さまざまな「次善の策」も選択できるようになりました。

たとえば、ガラス販売店が既存の窓のガラスだけを交換して、複層ガラスにするという方法があります。手慣れた職人であれば室内から簡単に取り付けられ、1セット30分程度（註）で完了します。これは比較的安価で簡単な対策です。ただ、元々1枚分のガラスの荷重しか想定されていない既存のアルミサッシに2枚のガラスの荷重がかかってしまうので、耐久性には少し心配があるといえるでしょう（図1）。

また、北国などで多くみられる例として、今ある窓の内側にもうひとつの窓「内窓」を取り付けるという方法もあります。窓が外の寒さを伝えるのは、冷えた外気が室内へ侵入

図1　既存サッシに複層ガラスを取り付ける改修

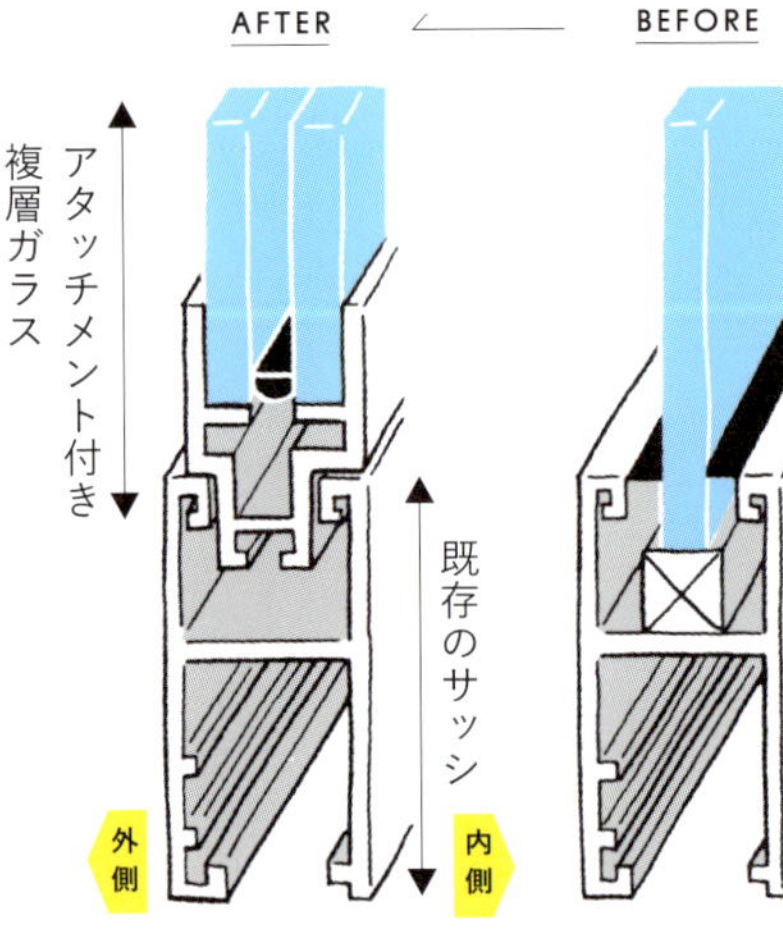

図2　室内側に内窓を取り付ける改修

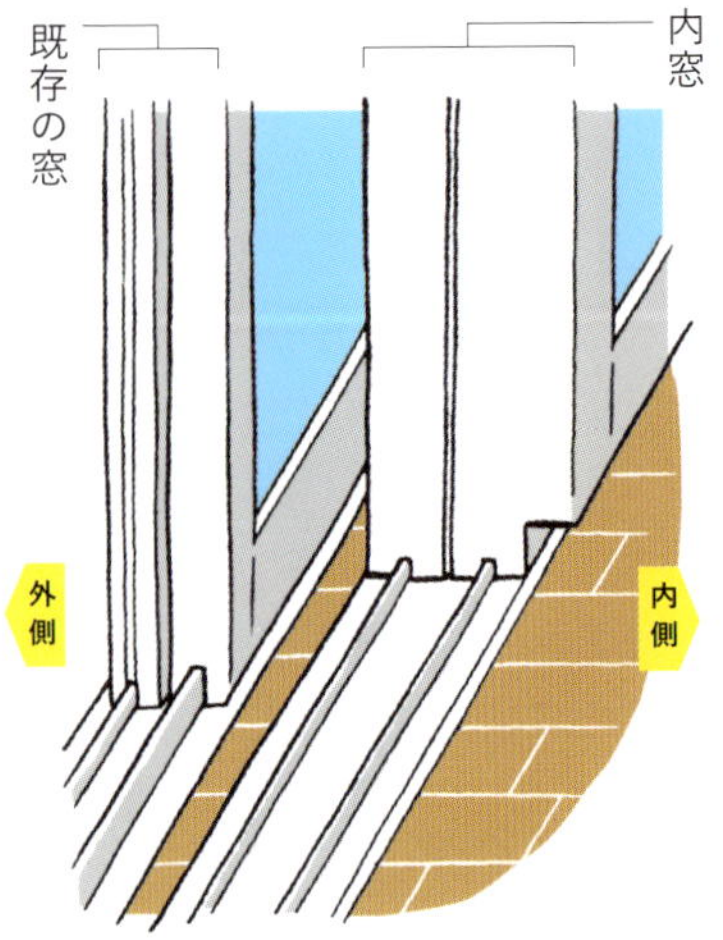

やっぱり理想的！「窓ごと改修」

STEP 01　既存の窓を外す

STEP 02　機密シートを既存の枠に貼り付け
新しい窓枠を取り付ける

STEP 03　窓を取り付けて完成
（半日程度で可能）

「窓ごと改修」の特徴

POINT 01	近年では壁を壊さず元の窓枠の内側に新しい窓を取り付ける手軽な工事になった
POINT 02	1つの窓につき約2時間〜半日で施工完了（施工時間は納まり、窓種の条件により異なる）
POINT 03	室内の断熱効果が高まる
POINT 04	樹脂窓に変更すると結露が抑えられる

するせいです。室内側にもう1枚、外気に触れない窓を設置して空気の断熱層をつくる内窓は、断熱の点から考えると有効な方法です。問題があるとすれば、暖かい季節に窓を開け閉めするとき、毎回2枚の窓を開け閉めするわずらわしさを覚悟しなければいけないことでしょうか（図2）。

やっぱり理想的な「窓ごと交換」

戸建て住宅の窓の取り替えは大工事のように思われがち、と述べましたが、近年では壁を壊さずに済む手軽な工事に改善され、所要時間もひとつの窓あたり半日程度（註）に短縮されています。思いきって窓枠ごと複層ガラスや樹脂サッシの窓に交換すれば、窓の性能は飛躍的に向上するのです。

LDKと寝室と浴室など、主に活動する部屋の窓を取り替えるだけでも、生活環境は大きく向上します。家を断熱改修するときには、すべての窓の性能をアップさせる、など家全体の温熱環境の改善を考えがちですが、92ページにあるように、部分的な窓改修で室温が少し上がるだけでも健康へ大きな好影響を与えます。窓の改修を検討するときは、初期投資だけにとらわれず、長い人生を見据えた「窓ごと改修」を考えてみてはいかがでしょうか。

（註）YKK AP公式ウェブサイトを参照。施工時間は現場の状況や納まりにより異なります。

受け継がれる名建築の窓改修を探索！

皇居と向かいあう東京の丸の内エリア。東京駅や丸ビルなど誰もが知っている歴史的建築物が建ち並び、明治時代以来のさまざまな建物が保存・活用されています。

過去の建築が大切に使われているこの地域は、窓改修の多様なパターンがみられる「見本市」でもあるのです。

KITTEに潜む窓改修のひみつ

たとえば、日本の首都への玄関口である東京駅の南側に建っていた、旧東京中央郵便局をみてみましょう。逓信省《ていしんしょう》営繕課《えいぜんか》の建築家だった吉田鐵郎《よしだてつろう》が設計を手がけ、1931年に竣工した、貴重な近代建築のひとつです（写真1）。

昭和初期から2008年まで親しまれたこの旧局舎は、再整備計画に伴って、'12年には超高層ビルを備える「JPタワー」へ生まれ変わりました。

JPタワーの低層部は、現在「KITTE」と呼ばれる商業施設になっていますが、旧東京中央郵便局の竣工当時の姿をできる限り残したまま現在に伝えるよう、保存が行われました（写真2）。

この「KITTE」には、実は、ふたつのパターンの窓改修がほどこされています。「KITTE」の1階の東京駅前広場に面した部分には、再整備前と同じく郵便局が配置されています。郵便局内の北側8か所と西側1か所の窓は、竣工当時のものと考えられるスチール製のサッシがそのまま残されています。サッシは、竣工当時の部材の刷り出し調査により判明した竣工時の「純黒色」にし、刷毛塗りの表情まで再現したうえで再利用しています（写真3）。

さらに、サッシに合わせてガラスも昭和初期の製造と考えられるガラスを選別採取して使用しています。郵便局内のこの窓の改修方法は、昔のままの姿をみせることができるという特長がありますが、同時に、この改修方法では現在一般的に求められる窓の性能をすべて満たすことはできません。

写真1　創建当時の東京中央郵便局。設計者の吉田鐵郎は、大正中期から昭和初期にかけて主に逓信省（郵便や電信電話業務を担当する官庁）の技師として、数多くの庁舎建築を設計した建築家（日本郵便株式会社蔵）

写真２　現在の JP タワー、低層部「KITTE」の様子（日本郵便株式会社蔵）

写真４　より機能性を重視した改修がほどこされた KITTE4 階の旧東京中央郵便局長室の窓（日本郵便株式会社蔵）

写真３　昔のままの姿を残した窓のある KITTE1 階の東京中央郵便局の窓

今度は、郵便局内以外の部分の窓をみてみましょう。郵便局内以外の窓は、部材の劣化の進行やそもそも竣工当時のものと考えられていた部材の大半がすでに改修されていて残っていなかったため、環境性能や水密性等の機能をより重視した改修が採用されています。これらの窓は、外観の寸法や角のR形状のディテールを竣工当時の窓にならいながらも、必要最低限の改変をほどこし、現代の窓性能を確保しつつ再現されています（**写真４**）。

商業施設という性質上、郵便局内以外の窓は利用客の使い勝手を考慮して、機能性を重視した保存方法でもあります。これらの窓の保存方法は、使う人にとって過ごしやすい室内環境が最優先に考えられているのです。

窓改修に求められること

「竣工当時の姿をそのままに後世へ伝えたい」。その一方で、「使う人の合理に叶った室内の機能も満たさなければならない」。おしゃれは我慢……というわけではありませんが、歴史的に価値ある建物を使いながら守っていくうえで、なにを優先するかはとても難しい問題です。

古いオリジナルの窓のディテールと、現代の建築に要求される性能を両立することは非常に難しいため、用途や必要に応じた選択肢（さまざまな窓改修のパターン）が常に求められています。

エコ先進国の窓ガラス再利用術

図　オランダの窓ガラスリサイクルの仕組み

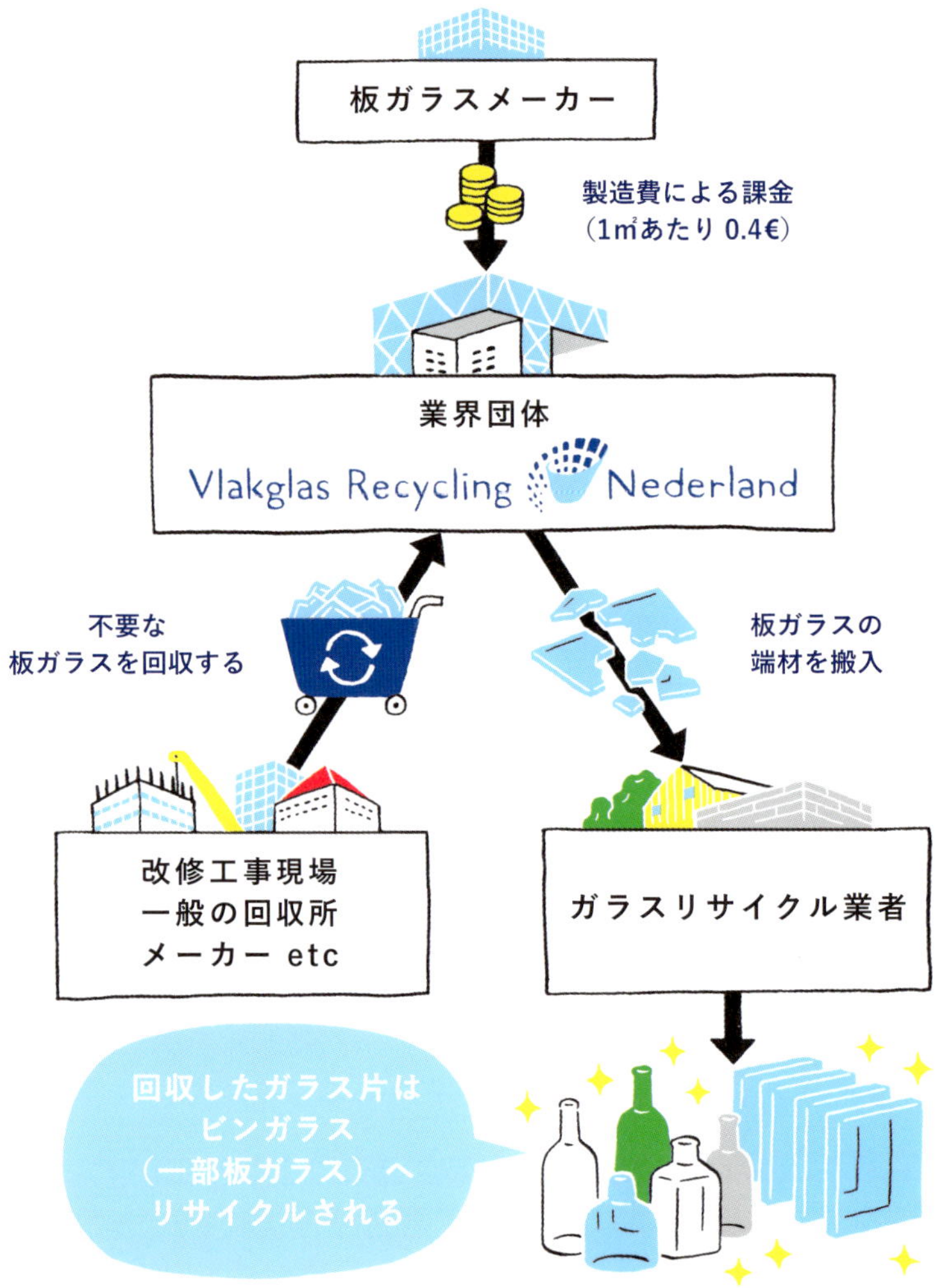

地球にやさしいエコやリサイクルが叫ばれて久しい世の中。日本に暮らす私たちにも、お酒や調味料の入っていたガラス容器を分別する習慣が広く浸透しつつあります。それらは回収されたのち、新しいビン容器へ生まれ変わって循環しています。では、同じガラスでも窓に使われる「板ガラス」はどうかというと、残念ながら現在日本ではほとんどリサイクルが行われていません。一方、環境問題への取り組みが日本より先行しているヨーロッパでは、リサイクルがどんどん進んでいます。ヨーロッパでは、ビールビンやワインのビンなどの需要が大量にあるので、ガラスビンとして再利用する市場が整っていることが理由のひとつです。日本ではガラスをリサイクルしてもガラスビンの需要がヨーロッパほど多くないので、行き場があまりありません。そのため、ヨーロッパと日本を単純に比較するのは難しいのですが、彼らの取り組み方には学ぶべき点があるように思います。

オランダのガラスリサイクル

環境先進国であるオランダでは、「VRN(Vlakglas Recycling Nederland)」というリサイクル団体が、窓の「板ガラス」のリサイクルを推進しています。VRNは、製造業者の販売量に応じて複層ガラス1平方メートルあたり0・4ユーロを徴収し、それを活動資金として、不要になった板ガラスを回収します(写真1・2)。VRNはすでにオランダ国内の400社を超えるメーカーや処理業者と取り引きがあり、一般の回収所、改修現場などにも回収ボックスを設置。引き取った板ガラスは集められ、リサイクル業者(ベルギー)へと運ばれます(写真3)。リサイクル業者は買い取った板ガラスの汚れを落として、粉状にし、新しいガラス原料として売るという仕組みです(図)。VRNを中心とした窓の板ガラスリサイクルの仕組みが築かれているのです。

写真1　改修現場やメーカーの工場など各地に設置されている回収ボックス

写真2　回収された板ガラス

「できることをやる」姿勢のリサイクル

この一連の仕組みを考える際に特筆すべきは、これらの活動が行政に定められた制度に強制されたものではなく、メーカーが自主的に行っているものだということです。現在VRNは不要な板ガラス1平方メートルあたり0・4ユーロを徴収して回収していますが、実は数年前まで0・5ユーロだったものが、仕組みがうまく行っているために値下げしたという驚くべき事実もあります。その背景には、彼らがリサイクルを「義務」として背負い込まず、あくまで民間の商業ベースとしてできる範囲でやる、という割り切った姿勢があります。

日本では、「リサイクルするなら、ほぼすべてのガラスをリサイクルしなければならない」と考えられがちです。しかし、オランダのように商業ベースでできるところから始めるというのは、どこにも過度な負担を強いることのない現実的な発想といえるでしょう。

板ガラスを利用して再び板ガラスにするリサイクルの割合は、オランダでも全体の5%とかなり低いのが現状ですが、これを20%まで引き上げようという動きも始まっています。環境問題で先行する彼らの成功例や失敗例、その取り組む姿勢や割り切り方などは、リサイクル問題に限らず、日本でも参考になるのではないでしょうか。

写真3　処理前の廃板ガラス
リサイクルされる前のガラスの細かな破片を「カレット」という

暮らしを快適にする窓が健康を守る

慶應義塾大学教授
伊香賀俊治 ／ IKAGA TOSHIHARU

私はこれまで「窓の健康学――住まいを暖かく涼しくする窓が健康を守る」として、2012年から3年をかけて研究に取り組んできました。主に、高性能の窓などで断熱性能を高めた夏に涼しく冬に暖かい家が、人体にどう貢献するかをまとめました。

3年間の研究で「住まいを冬暖かくする断熱窓」が、高齢者の入浴事故を予防できるのではないか（'12年度）、心筋梗塞・脳卒中を予防する可能性があるのではないか（'13年度）、認知症を予防できるのではないか（'14年度）ということを取り上げています。

なぜ寒い地域で冬の死亡増加率が低いのか

私の研究を振り返る前に、まず、社会で何が問題になっているかを確認しましょう。現在、日本の医療費と介護費の総額は膨らみ続けています。厚生労働省が発表した2025年の将来予測によれば、'10年と比べて医療費は約2倍、介護費は約3倍に膨れ上がり、その総額は約92兆円にも達する見込みです（図1）。このままでは、日本国民は将来的に今のような医療や介護を受けられなくなります。医療費の多くは65歳以上の高齢者医療に費やされ、そのうち約3割は心臓や血管の循環器系の治療に充てられています。実は、循環器系の疾患には、家の寒さがかなり影響することが国内外の研究で分かっています。（→92ページ）

断熱がきちんとほどこされた最近の住宅やマンションに住む人を除けば、多くの日本人は、冬の死亡増加リスクの高い家に暮らしています。また、寒い地域ほど冬の死亡増加率が低いという結果が明らかになっていて、その分布図は高性能な窓の普及率を示す分布図と類似しています。つまり、高性能な窓の普及が冬の死亡増加率を下げるのに貢献している可能性があるのです（→92ページ）。

部屋を暖かくする高性能な窓は、入浴事故を防ぐ

初年度は、断熱窓が高齢者の入浴事故を予防できるのではないかを調査しました。増加傾向にある家庭内事故のうち約4割を占めるのが入浴時の溺死事故です。その原因を究明したところ、浴室や住宅が寒いケースでは、熱いお湯に長めに浸かる入浴習慣があるという調査結果が明らかになりました。熱いお湯に浸かると、体温が38～40℃まで急上昇して熱中症と同じ現象

図1　増え続ける医療・介護費とその原因

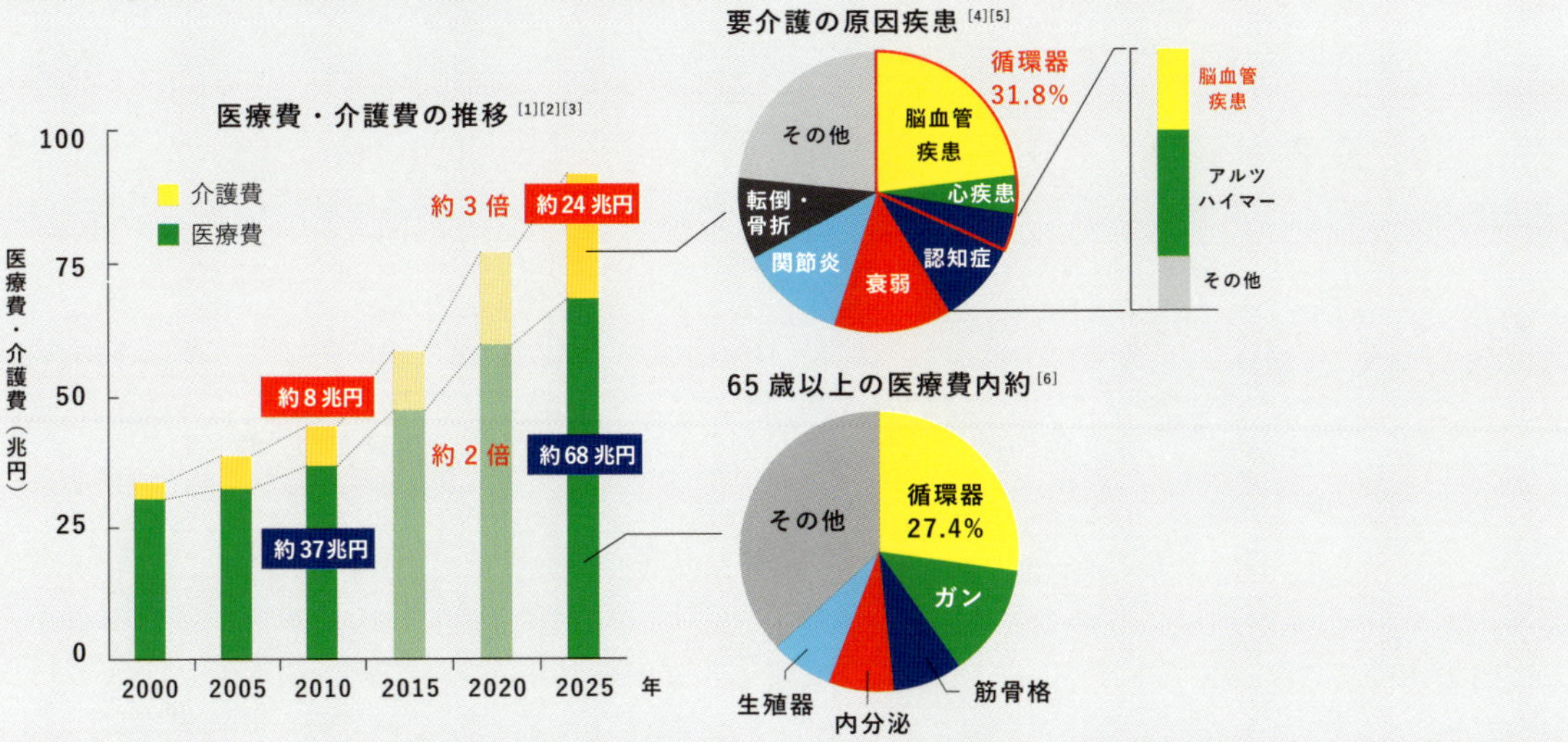

[1] 厚生労働省「医療費の推移」2010 [2] 厚生労働省「介護保険制度改正の概要」2011 [3] 内閣官房内閣広報室「医療・介護費用のシミュレーション」2008 [4] 厚生労働省「要介護者等の状況」2007 [5] 須貝佑一「あなたの家族が病気になった時に読む本 認知症」2006 [6] 厚生労働省「国民医療費の概況」2008

が起こり、湯船から出られず溺れてしまいます。浴室で亡くなる原因や倒れる原因はそこにあるのではないかと考えられます。窓の性能を高め、浴室の窓・壁に断熱をほどこし、浴室が寒くならないよう工夫すると、入浴習慣が改善されていきます（→94ページ）。浴室や住宅の断熱性の向上により浴槽で溺死するリスクがどれだけ減るかを調べ、さらに体温がどう上昇するか被験者実験をしました。断熱住宅と、それよりやや劣る断熱性能の住宅に暮らす方々との入浴習慣の違いから、熱中症リスクをどの程度なら避けられるかという予測もできるようになりました。

心筋梗塞や脳卒中を予防！
健康寿命を長くする冬暖かい部屋

次年度（'13年度）は、断熱性能の高い窓を備えた暖かい部屋が、心筋梗塞・脳卒中予防に効果があるか否かを調べました。高知県の山のなかの真冬2月という環境で、被験者20名に、自宅とモデル住宅それぞれに宿泊した翌朝、血圧を測定してもらいました。70歳代のある男性Aさんは、自宅では朝の気温が5℃程度、血圧は164mmHgで、高血圧の状態でした（図2）。ところが、モデル住宅に体験宿泊した翌朝17℃の室温で血圧は132mmHg。自宅での計測値より32mmHgも下がっていたのです。そのほかの被験者も、起床時の室温が高い実験住宅では血圧が顕著に下がるという結果が得られました。つまり、家を断熱改修して暖かくすると、高血圧は改善されるのです。高血圧が心筋梗塞・脳卒中の引き金になることは医学的にも明らかなので、性能の高い窓に改修し、さらに断熱して家全体を暖かく保てば、病気や心筋梗塞・脳卒中にならずに済む可能性があります。

さらに、高知県梼原《ゆすはら》町東区の214名を対象に調査を実施、2003年時点で高血圧にも心筋梗塞・脳卒中にもなっていないことを確認したうえで、10年後の'13年にどうなったかを調べる追跡調査を行いました。梼原町東区は山のなかにあり、調査時の'13年11月下旬の外気温は平均5℃程度、東京の真冬と同程度の環境です。この実験から、心筋梗塞・脳卒中を発病した方々は、未発病の方々に比べて就寝時間帯の室温平均が1～2℃程度低い環境で生活していることが分かりました。

私たちは、冬に寒いのは当たり前で、たかが1～2℃の室温の差を気にする必要はないと考えがちです。しか

図3　暖かい住宅が運動活動量を促進させる

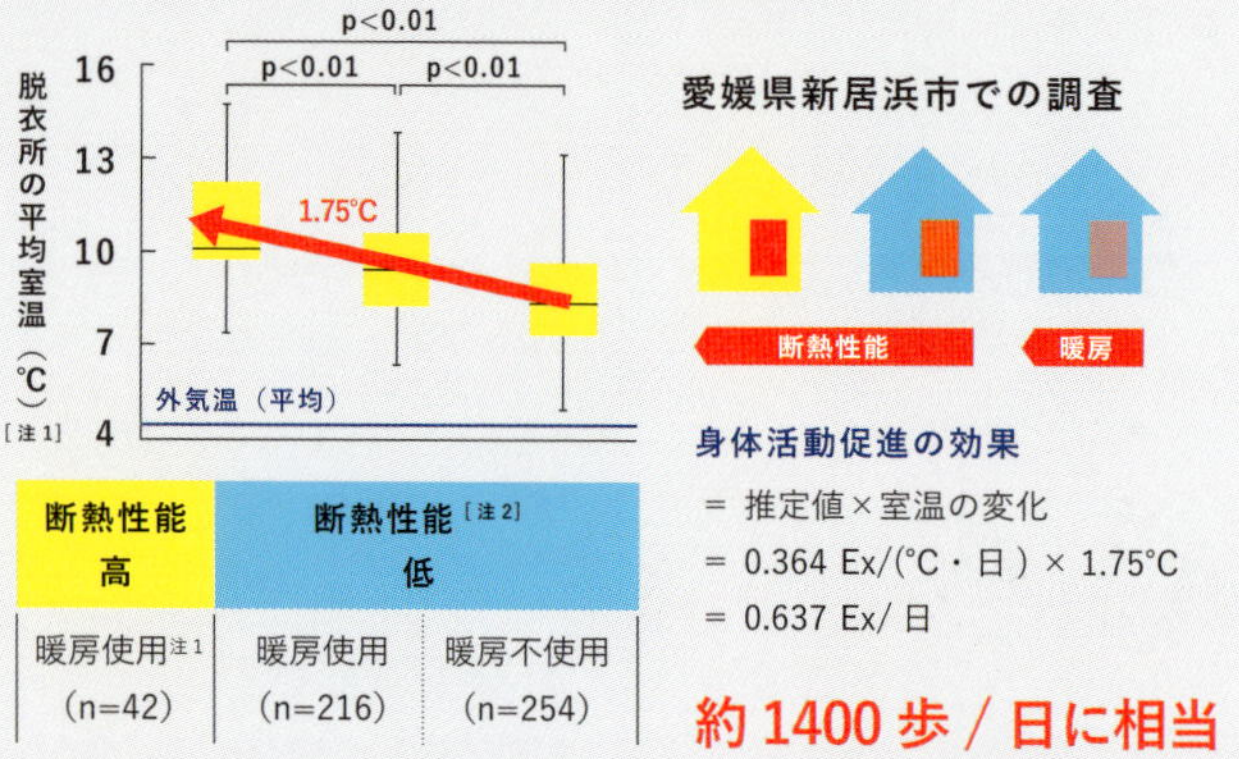

注1) n= 人×日　脱衣所で暖房を使用している住宅は除外　注2) アンケート結果（窓ガラスの枚数、窓サッシの種類、築年数）から断熱基準（住宅省エネルギー基準）を推定:断熱高…平成4年基準以上、断熱低…昭和55年基準以下　注3) 合計歩数［歩／日］= 2216.024 × 生活活動量［Ex／日］　※切片なしモデル（単回帰分析）

柳澤　恵，伊香賀俊治，安藤真太朗，樋野公宏，星　旦二：住宅の温熱環境及び断熱性能による身体活動への影響，日本建築学会環境系論文集，Vol.80, No.716, 2015.10

図2　暖かい住宅に暮らせば、血圧は低下する

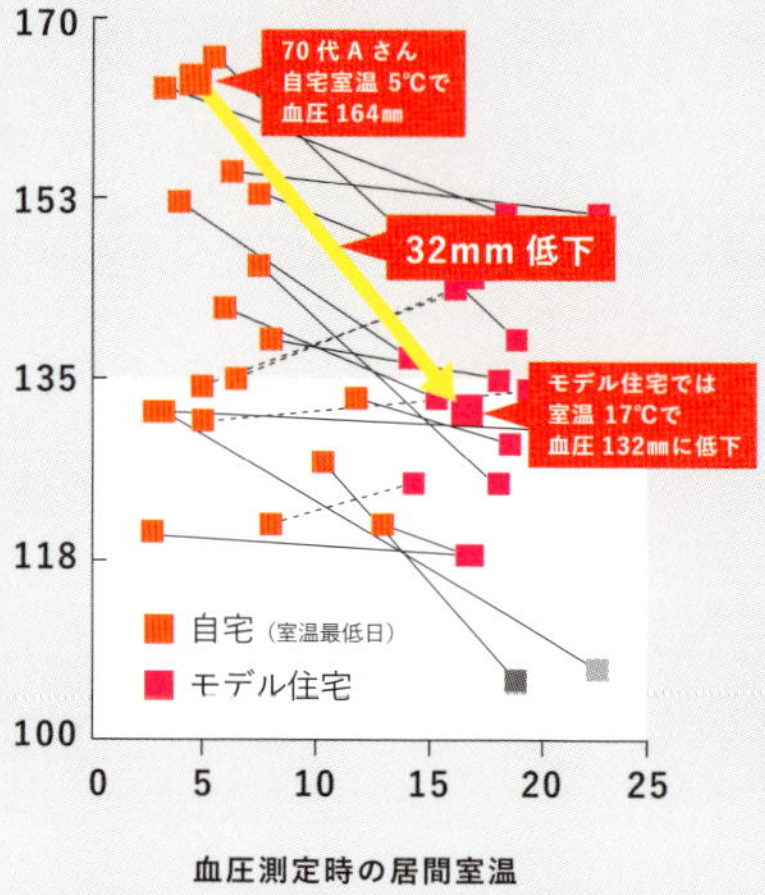

しその室温差をあなどってはいけません。ある研究では、室内が寒い家の人たちは暖かい家の人に比べて、10年後に約6倍の確率で高血圧を発症することも分かっています。生活習慣を改善することも重要ですが、住環境を整えることも同じくらい、もしくはそれ以上に意味があるといえそうです。私自身もこういう調査をして初めて1〜2℃の重大さに気がつきました。

運動促進する冬
暖かい家は認知症を予防する

最終年度は、「住まいを夏涼しく、冬暖かくする窓が認知症を予防するのではないか」をテーマに研究しました。身体活動量の増加はロコモ（運動器症候群）や認知症の発症のリスクを減少させ、健康に大きな影響を及ぼします。つまり、暖かい住宅はどのくらい身体活動を促進させ、結果としてロコモや認知症の発症を予防できるのか、を調査したのです。

愛媛県の新居浜市で生活活動量の実験を行いました。新居浜市の冬はとても寒く、住人の多くは仕事を引退された方や主婦です。断熱性能の低い住宅が圧倒的に多く、市の中心部を対象に真冬の測定結果をみると、脱衣所の平均室温は約8℃しかありませんでした。ほんの少し断熱性能の高い住宅（暖房使用時）の脱衣所に比べるとマイナス1・75℃程度の差があります。たった2℃弱の違いは、1日あたりの歩数が約1400歩減少することにつながります（図3）。1日の推奨歩数は8000歩なので、その約2割に相当します。たった2℃弱の室温の違いですが、知らず知らずのうちに1日の身体活動に大きな差を生んでいるのです（→96ページ）。これらの実験から、高断熱住宅は相対的に、ロコモや認知症のリスクを約10％軽減すると推測できるのです。

こうした室内環境と身体のかかわりについて、日本の国土交通省の大規模調査「国交省スマートウェルネス住宅等推進事業」にも協力しています。この事業では、'18年度まで家を改修する人へ国が半額補助金を出すというもので、私たちは全国2000軒の断熱改修事例を対象に4000人の健康調査をさせてもらいます。断熱改修前後の1年という短期的な変化だけでなく、長期10年間にわたる追跡調査にも取り組んでいます。断熱改修による暖かい住まいの効果が明らかになれば、住宅改修に対する日本の政策も変わっていくのではないか、と感じています。

CHAPTER

06

芸術の世界で描かれる窓

窓がなければ生まれなかった名画

「写真」という記録するためのメディアがなかった時代に描かれた「絵画」は、その時代の生活の様子や、人々と「窓」の関係を探る重要な手がかりだといえるでしょう。特に、17世紀のオランダ絵画は「窓辺」を舞台に描かれることが多く、窓絵画の宝庫といえます。

17世紀オランダの窓

17世紀のオランダはヨーロッパ最大の貿易国で、裕福な市民により急速な都市化が進んでいました。人口増加に伴い、限られた敷地になるべく多くの住戸を建てる必要に迫られていました。そのため、間口（建物の正面の幅）を小さくして奥行きをもたせるタイプの住戸が盛んに建てられていました。

当時のオランダ人画家、ヘンドリック・ファン・デル・ブルフによる『窓際の女と子ども』（図1）をみてみましょう。女性が子どもを抱えて、中庭から窓越しにこちらをのぞいています。彼女らが外側から室内を眺めているのか、それとも室内から外側を眺めているのかが、

図1 『窓際の女と子ども』（1660年、ヘンドリック・ファン・デル・ブルフ、アムステルダム市立美術館蔵）
観賞者にとって、彼女らが外側から室内を眺めているのか、それとも室内から外側を眺めているのかが、わからなくなるような不思議な印象をもつ

分からなくなるような、不思議な印象をもつ作品です。女性の背後には住宅に設けられた中庭、上部には空が描かれています。その様子から、中庭は室内のようで室外でもあり中間的で、開放的な場所だったということがうかがえます。また一方で、女性が板戸の窓越しにのぞき込む姿から、室内外を隔てる境界でもある「窓辺」が、高密度な都市住居で住人どうしがコミュニケーションをとる公共的な場所であったことも推測できます。

自然光を採る唯一の場所

「光の魔術師」とも称されるヨハネス・フェルメールは、言わずと知れたオランダを代表する画家のひとり。彼は、光と陰影を効果的に用い、素朴に暮らす人々の姿や室内の様子を描きました。彼の代表的な作品のひとつである『牛乳を注ぐ女』(図2)は、女性の使用人が窓から光が射し込む室内で家事をする姿を描いています。画面左上の窓からは自然光が注ぎ、窓辺に置かれたバスケットや果物などさまざまな小物がテーブルに影を落としています。当時は電気など通っておらず、人工的に照明を確保する手立ては蝋燭《ろうそく》しかありません。そのため、調理や裁縫といった細かい作業をするうえで、窓は重要な光源でした。特に小さな間取りの住まいでは、「窓辺」は太陽光を採り込める唯一の場所だったのです。そのため「窓辺」では、読書や書き物をはじめ、食事、娯楽、集会など、生活におけるさまざまな営みがなされていたと考えられます。

17世紀のオランダ絵画には、当時の人々と窓のかかわりをひも解くヒントとなる風俗画や風景画が数多く残されています。フェルメールをはじめ、当時の画家たちにとって「窓」は、それなくして描くことができない画題のひとつだったのです。

図2 『牛乳を注ぐ女』(1658年頃、ヨハネス・フェルメール、アムステルダム国立美術館蔵)
画面左上の窓からは自然光が注ぎ、窓辺のテーブルに置かれたバスケットや果物などさまざまな小物が影を落としている

20世紀の美術と窓の知られざる関係

室内からみれば、「窓」は外部の世界との境界であり、風景を切り取るものです。一方で、「絵画」は現実とは異なる世をカンバス上に築きます。「窓」と「絵画」は、どちらも、観る者にとってその時立つ地点と別の空間をつないでいるという点で共通しています。

実は、こうした「窓」と「絵画」の近似性を考えるうえで、20世紀の美術を観察することは、非常に興味深いのです。なぜなら窓と絵画の関係は、20世紀に初めて美術作品を通して自覚的に考えられ、表現されるようになったからです。

20世紀の作家にみる窓と美術の関係

たとえば、フランスの画家アンリ・マティスは「窓辺」をモチーフにした絵画を多く残しています。そのひとつである『マンドリンを持つ女』(図1)では、窓ガラスの透明性や反射性が表現され、鑑賞者に窓ガラスの存在を強く意識させます。

また、20世紀の窓と芸術の関係を語るうえで、マルセル・デュシャンは欠かせないアーティストです。デュシャンは窓ガラスそのものをアート作品として発表しました。『大ガラス』は、高さ約2・7メートルにも及ぶ大きな透明ガラスにさまざまなオブジェを付属させた彼の代表的な作品です。

ほかにも、ペンキを塗った窓枠に黒革を張った『フレッシュ・ウィドウ』(図2)というデュシャンのオブジェ作品があります。「なりたての未亡人」という意味のこのタイトルは、フランスで広く使われる両開き式窓「フレンチ・ウィンドウ」の言葉遊びになっています。一般的には通行人の視線を室内へ集めるものである窓に、黒衣で身を固めて喪に服す女性のような目張りをして、窓に対する固定化された視覚認識を改めて問う作品です。

現実を切り取る窓、虚構をつくる絵画

シュルレアリスム(超現実主義ともいわれる20世紀初期の芸術運動)の作品でも窓は題材としてよく用いられます。その代表的な作家で

図1『マンドリンを持つ女』(アンリ・マティス、1922年)
女性の背後の窓ガラスには、壁の色と影が映りこむ

図2『フレッシュ・ウィドウ(なりたての未亡人)』(マルセル・デュシャン、1905年)
作品タイトルは、両開き式窓「フレンチ・ウィンドウ」の言葉遊び

上）図3 『暴力行為』（ルネ・マグリット、1932年）
シュルレアリスムを代表するマグリットによる窓をモチーフにした作品

左）図4 「シーグラム壁画」シリーズが展示されたロスコ・チャペル（マーク・ロスコ、1967年）
展示室全体に大きな開口が設けられたような開放感を与える抽象絵画。「シーグラム壁画」はもともと、シーグラム・ビル（ニューヨーク）内のレストラン一室を飾るインテリアとして制作された

あるルネ・マグリットの作品のひとつに、「だまし絵」的な構成をもつ『暴力行為』（図3）が挙げられます。

この作品では、空模様を描いた立体物、アーチ窓からみえるビル、女性の身体が描かれた絵画が並列されます。フレーム内に収められたそれらのもので、どれが現実でどれが虚構であるか、観る者を困惑させることを狙います。また、「現実の風景を切り取る窓」と「虚構をつくりあげる絵画」が、鑑賞者の外側にある空間を提示し、そのふたつの違いを表現しているとも解釈できます。

「だまし絵」による効果は、カンバスを越えて作品が飾られる展示空間自体にまで波及し、現実空間の印象を大きく変える可能性をもっています。

そのひとつの例に、アメリカの抽象画家マーク・ロスコの「シーグラム壁画」があります（図4）。複数の抽象画がひとつの部屋の壁面に並べて配置され、展示空間全体に大きな開口部が設けられたような開放感を与えます。それはマグリッドが『暴力行為』で示した絵画と窓の虚構性を、現実空間で展開するインスタレーションとして実践した、というみかたもできるかもしれません。

「窓」はモチーフとして、20世紀美術において連綿と取り上げられ、美術表現の地平を切り開いてきたといえるのです。

両津勘吉の敵は窓からやってくる

図１　天敵が窓からやってくる（第74巻 p.37）©秋本治・アトリエびーだま／集英社

『こちら葛飾区亀有公園前派出所（以下、こち亀）』は、１９７６年～２０１６年まで『週刊少年ジャンプ』（集英社）で連載され、単行本２００巻を刊行したギャグ漫画です。東京の下町で繰り広げられるアクションや、日本の世相を反映するさまざまなガジェットが登場します。不真面目な警察官である主人公・両津勘吉が、仕事場や仮眠室、給湯室などを備えた小さな派出所を舞台に物語は展開します。両津が勤務する派出所は公園に隣接した平屋のコンクリート造の建物です。

物語の起結となる窓

この漫画（調査対象1～193巻）のなかで派出所の玄関・窓は、なんと１３１９回も描かれます。なかでも派出所正面の「両引戸の玄関」は、ほとんどいつも開放されており、人の訪問やストーリーの転換点、またステージとして大きな役割を果たします。

派出所の「窓」の登場シーンは、１６３回と多くはないものの、特徴的に描かれています。特に、両津の座席側面後方にある庭に面した窓は、多様なシーンを生み出します。台風やうだるような夏の日差しが、季節を示す窓越しの風景として描かれ、物語の導入部分となることもあります。また、窓辺に立った上司の大原部長や両津が遠くを見ながらぼやくシーンは、ストーリーの典型的なオチのパターンです（図2）。

ハプニングは窓からやってくる？

日常風景の描写で、窓は内と外を隔てる境界として登場します。両津が外で遊んでいる様子を室内から同僚や上司が白けた目で窓越しに眺める、という描写が多く確認できます。日常における派出所の窓は、物理的な関係性や心理的な距離感を示しているのです。窓辺に登場する人物は、主に派出所で勤務する人物と限られています。つまり、窓辺が親密な者どうしのコミュニケーションの場として機能しているといえるでしょう。

一方、特徴的なキャラクターがたくさん登場するこち亀で、窓は穏やかな日常のシーンからの転換点にもなります。両津の天敵が窓から侵入してきたり、ある時にはボールや爆弾が飛び込んできたり、窓からのハプニングによって日常は突如、崩壊します（図1）。ガラスの破片が飛び散り、豪快なオノマトペ（擬音語）とともに破壊される窓の描写は、ギャグ漫画ならではともいえ、時には叫び声によって窓が吹き飛ばされるシーンまであります。窓が割れる＝驚きという定型の描写がひとつの特徴であるといえそうです。

第１５３巻「バックトゥーザこち亀!!の巻」では、両津がタイムマシーンを利用し、連載当初の30年前に遡って、過去の自分の机から窓越しに手を伸ばして価値の高いおもちゃを盗むシーンがあります（図３）。ここでは過去と現在の２人の両津の共演が実現しているのです。こち亀では、窓は意外性の象徴であり、予期せぬものと日常をつなぐモチーフだと考えられるかもしれません。

図２　両津の上司である大原部長が窓辺で黄昏れる定番のオチ（第96巻 p.127）
Ⓒ秋本治・アトリエびーだま／集英社

図３　両津が過去の派出所へ行っておもちゃを盗むシーン（第153巻 p.157）Ⓒ秋本治・アトリエびーだま／集英社

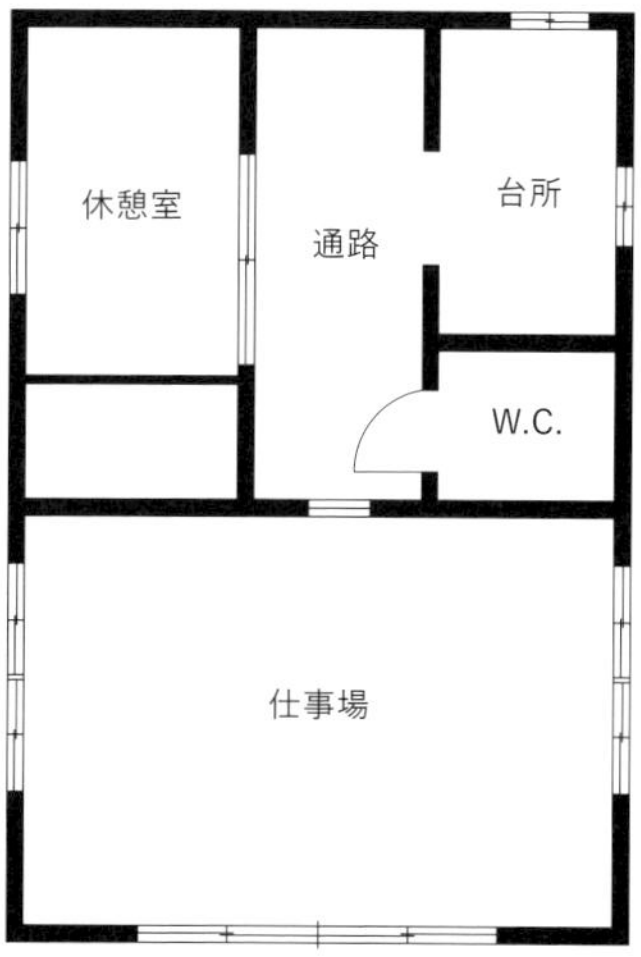

両津勘吉が働く派出所の間取り。入口向かって左側に両津の机が置かれる。
作成：東北大学五十嵐太郎研究室

少女漫画に描かれる窓越しの恋模様

タイトルに「窓」のついた漫画作品は数多く存在しますが、なかでも少女漫画が多いことに気がつきます。そこで描かれる窓や窓辺は、時に男女の揺れ動く心境をうつし出す舞台装置にもなるのです。

舞台装置としての窓

1970年代の少女漫画をみると、西洋を舞台とした壮大な物語作品が顕著です。その代表的な例は、池田理代子の『オルフェウスの窓』（'75〜'81年）です（図）。20世紀初頭ドイツの音楽学校を舞台とするこの作品は「窓越しに出会うと結ばれる」という言い伝えのある石造りの小さなアーチ窓をめぐり、さまざまなロマンスが繰り広げられます。

一方、田渕由美子の『フランス窓便り』（集英社、'77年）では、「フランス窓（フレンチ・ウィンドウ）の白いおうち」を舞台として、西洋的な窓が描かれますが、作品の主題はあくまで日本に暮らす女子大生の日常生活です。つまり『オルフェウスの窓』のように読者の日常からかけ離れた荘厳なモチーフとしてではなく、どこにでもある日常生活のなかの「かわいい」要素として西洋風の窓が用いられているのです。

隠喩的表現として窓のイメージが用いられることもあります。ひかわきょうこの『白い窓の向こう側』（白泉社、'80〜'81年）では、窓の存在が物語に直接的にはかかわってきません。自分に正直になれない少女の内面を示すものとして閉じかけた白い窓のカットが差し挟まれ、主人公の心情の変化を演出します。

お決まりの「隣接する男女の家」

男女の関係に窓が大きくかかわるラブコメの定番パターンとして「隣接する戸建て住宅の2階で、幼なじみの男女が会話をする」という設定を思い浮かべる人も多いかもしれません。窓越しに互いを密かに見守ったり、会話をしたり、屋根をつたって往来するというコミュニケーションも想像できそうです。

少女漫画では、戸建ての家どうしだけでなく、寮やアパートなどの集合住宅を舞台とする場合もみられます。

たとえば巻野路子『胸さわぎの窓辺』（講談社、'85年）や小川多加『窓ンナヘラブコール』（秋田書店、'83年）では、男子の住宅に隣接する女子寮を舞台に物語が展開します。主人公の男女が窓越しに会話している姿を、別の窓から恋敵がのぞいて嫉妬心を募らせる、など複雑な関係も窓を舞台に描かれます。

伊藤潤二の短編漫画『隣の窓』（朝日新聞出版、'98年）は、隣接する家に暮らす男女が2階の窓越しにやりとりする作品ですが、少女漫画ではなくホラー作品です。主人公の男性が隣家の女に呪いをかけられ、物語の終盤で女性の部屋の窓が怨念でグロテスクにゆがみ、男性の隣家へ突き出るように変貌を遂げる恐ろしい結末を迎えます。

窓は、漫画のなかで純真さや繊細な気持ちだけでなく、時には笑いや恐怖といったさまざまな感情すら連想させる普遍的なモチーフでもあるのです。

図 © 池田理代子プロダクション　出典：池田理代子『オルフェウスの窓』第2巻（集英社文庫、1995）p.45より

ヒッチコックに学ぶ巧みな窓の演出術

「サスペンスの神様」と称される映画監督のアルフレッド・ヒッチコックは、１９２０年代から'70年代まで50作以上の映画作品を手がけました。彼の作品には、窓を効果的に用いた場面が数多く登場します。

鑑賞者のまなざしを意識しながら

ヒッチコックのいくつかの作品に共通する、窓を使った演出方法には「窓枠がつくり出す影による不穏な演出」や「オープニングにおける窓の使用」などが挙げられます。

ひとつ目の「オープニングにおける窓の使用」は、アパートの窓辺（『裏窓』１９５４年）、高層ビルのガラス窓、店のショーウィンドウなどにタイトルロゴを重ねる手法のことで、鑑賞者を映画の世界へスムーズに誘います（**写真1**）。このように、ヒッチコック監督作品における窓は、映画の登場人物ではなく、映画を観ている者に対して意識的な作用をもたらすように設計されています。また、サスペンスの要素を演出する際にも窓は効果的に用いられます。

写真１ 『裏窓』（スチル写真）。主人公が住むアパートの窓にタイトルロゴを重ねたオープニングの後、カメラは中庭の向かいに建つアパートの窓辺をうつし出す。物語の舞台設定を簡潔に示すとともに、作曲家やダンサーなどの登場人物たちの紹介を兼ねたシーンとなっている

写真２ 『下宿人』無実の罪を着せられた主人公の顔に窓枠の影がかかる

『下宿人』（1926年、監督・アルフレッド・ヒッチコック）発売元：アイ・ヴィー・シー
価格：DVD ¥1,800+税

『鳥』('63年)で、凶暴な鳥が電話ボックス内にいる人物を襲うシーンでは、まるで鳥が映画のスクリーン(＝電話ボックスの窓)を突き破らんとするかのような光景が画面いっぱいにうつし出され、鑑賞者の恐怖心を煽ります。

「窓枠がつくり出す影による不穏な演出」も、鑑賞者をハラハラドキドキさせる演出術のひとつです。たとえば『下宿人』('26年)では、無実の罪を着せられた主人公の顔に窓枠の十字の影がかかります(写真2)。窓枠が影を落とすような演出は、その後に主人公に降りかかる不穏な展開を予感させる手法として、本作品以降でも繰り返し用いられました。

ちなみにヒッチコック作品では、彼本人が演者として映画内にさりげなく登場することが定番のパターンとなっているのですが、多くの場合で、彼は窓や扉のそばに佇んでいます。窓はこのとき、ヒッチコック自身が映画(＝フィクション)と現実世界を往還するための境界面であるとも考えられます。

『めまい』における窓越しの光の意味

一方、窓からの光の演出が特徴的な作品が『めまい』('58年)です。主人公のスコティはある日、美しい女性マデリンと運命的な出会いを果たします。しかし彼女は自ら命を断ち、スコティは錯乱状態に陥ってしまいます。そんな折、彼は街でマデリンにそっくりな女性ジュディと出会い、彼女の家を訪れることになります。部屋の前に取り付けられた看板照明の緑色の光が窓から入り、室内を照らしているのですが、それが緑色である点に、ヒッチコックからの重要なメッセージが込められています。なぜならその緑色は、スコティと初めて出会ったときに、マデリンが着ていたドレスの色を想起させるからです(図1)。

さらにこの場面では、逆光によって薄暗い部屋にジュディの横顔のシルエットが浮び上がります(図2)。ヒッチコックは、ジュディはマデリンではないこと、スコティがかつての恋人マデリンの幻影を重ね合わせているにすぎないことを強調するように演出しています。つまり、台詞でなく、窓辺のみせ方によって登場人物どうしの関係性を語るのです。この演出術こそ、ヒッチコック映画における真骨頂のひとつといえるでしょう。

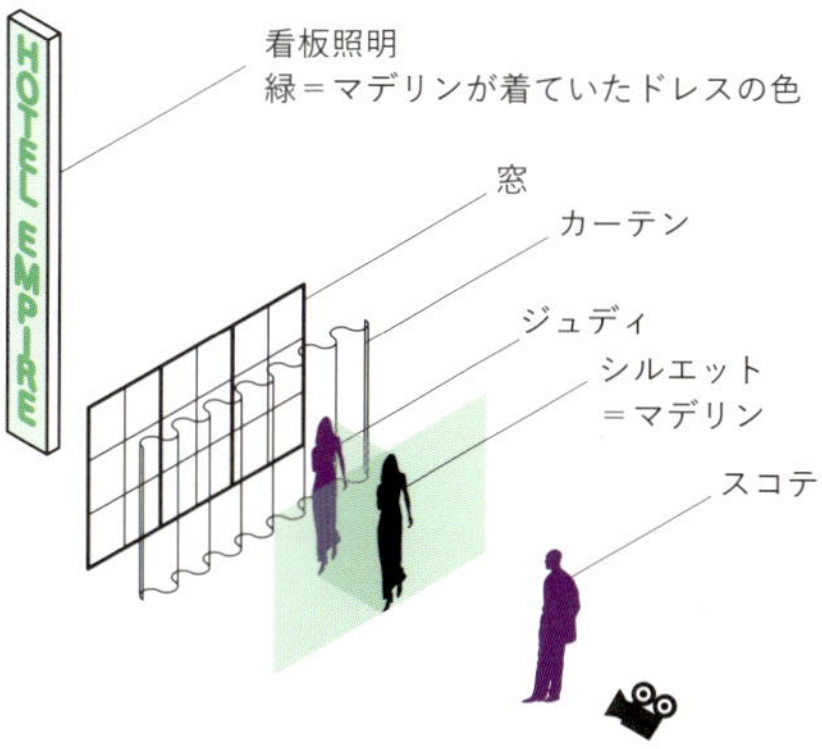

図1 『めまい』のワンシーン、空間ダイアグラム(ジュディの宿泊先)
作成：東北大学五十嵐太郎研究室

図2 『めまい』薄暗い部屋にジュディのシルエットが浮び上がる

芸術の世界で描かれる窓

日本映画にみる家族と窓の変遷

日本では、家族や住宅を主題とする多くの作品が制作されてきました。ここでは、『東京物語』、『家族ゲーム』、『トウキョウソナタ』という異なる時代背景をもつ3作品の表現の違いを探ります。

開放的な層状の窓─『東京物語』

上京した老夫婦とその家族の生活を描いた『東京物語』の特徴は、独特なローアングルの構図で日本家屋をとらえていることです（**写真1**）。室内の描写では、ふすま、障子、ガラス戸、縁側の手摺、隣家の壁による、レイヤー状の空間構成が強調されています（**図**）。妻に先立たれてひとりの時間を過ごす老人の姿をうつすラストシーンでは、画面奥の開け放たれた開口部の向こうに地蔵がみえます。まもなく、反対側から室内をとらえたショットに切り替わり、窓の向こうから隣人が語りかけてきます。小津は、このカメラの切り返しで、老人が「生と死」の境界にいるということを象徴的に示そうとしたのかもしれません。

写真1　『東京物語』 監督／小津安二郎　(1953年)　写真提供／松竹　　妻に先立たれた老人の姿をうつすラストシーン

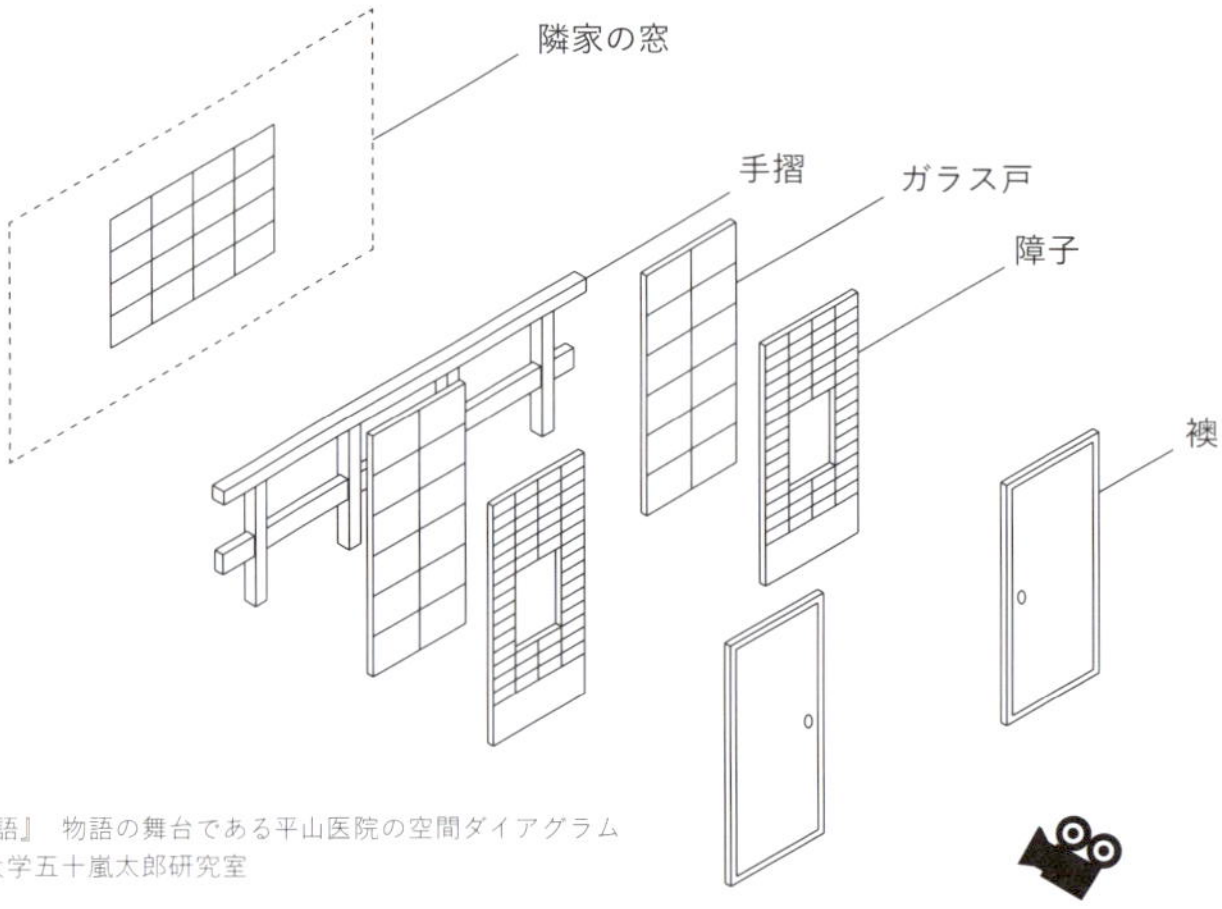

図　『東京物語』 物語の舞台である平山医院の空間ダイアグラム
作成：東北大学五十嵐太郎研究室

フラット化する窓—『家族ゲーム』

『東京物語』の約30年後に制作された『家族ゲーム』は、4人家族（父、母、長男、次男）が暮らす団地に家庭教師の男がやってくるという物語です。横長の机に一列に並んで食事する有名なシーンに象徴されるように、徹底して記号的なライフスタイルがうつし出されます（写真2）。障子や窓がペタッと同一平面上に存在しているかのようなフラットな画面構成は、ほかにも男女が居間でテレビを観ている場面でも用いられます。この場面で特徴的な窓の向こうの青いライトのチープさは、あらゆるモノが消費の対象になりつつあった当時の日本社会を反映しているといえるでしょう。

閉塞感を解き放つ窓—『トウキョウソナタ』

『トウキョウソナタ』は戸建て住宅に暮らす4人家族（父、母、長男、次男）の物語で、父親のリストラを契機とした家庭崩壊から、再生までの道のりをつづった作品です。

まず、注目すべきは食事シーンです。食卓の奥に食器棚の什器を配置することで、家庭内の窮屈な印象が強調されています（写真3）。また、窓からは電車の走行音とライトの点滅する様子が伝わってきます。このシーンは、都市生活の閉塞感と家族関係の不和を強調し、表現したものだとも解釈できます。それはまるで『家族ゲーム』におけるモノにあふれた社会に続く行末をうつし出しているかのようです。

この食事シーンと対照的なのが、庭に面した窓辺で白いカーテンがたなびく場面です。暗い食卓とは対照的に、おだやかな光と風が流れ込むこの窓辺で生じたある出来事が、結果的に家族を再生に導くことになります。この作品の結末は、窓が閉塞的な状況を打破する新たな展開をもたらす要素となることを示しているのです。

写真2　©1983 日活／東宝　『家族ゲーム』　監督／森田芳光　家族と家庭教師が横並びで食事するシーン

写真3　『トウキョウソナタ』　監督／黒沢清（2008年）
食器棚の配置で家庭内の窮屈な印象が強調されている

(C)2008 Fortissimo Films/「TOKYO SONATA」製作委員会

窓のレジリエンス —窓が減る時代に「窓」の力を考える

MADOGAKU
COLUMN
02

町村敬志
社会学者
一橋大学教授

「窓のある社会」と「窓のない社会」のどちらがよいか。もしこう問われれば、ある方がよい、と多くの人は答えるだろう。だが人口減少へと向かう今日、増えてゆく空き家の窓は衰退する社会の象徴となる。また、災厄を外から呼び込む可能性のある窓は、ときにやっかいなものと見なされる。しかしそれでも「窓」は大切である。社会学はこう考える。

窓の増える社会としての近代

近代とは、窓が増える時代でもあった。人口が増加し生産力が増強されるにつれて、建造環境は急激に拡張した。それとともに建造物の開口部としての窓もまた急増していく。建物の立体化が進んだ結果、窓は都市の表面を覆う「外皮」として広大な面積をもつに至った。

図は、東京都の建物延床面積や人口の推移を表す（１９９５年が１００）。これをみると、過去約35年間、人口はほぼ横ばいなのに、建物の延床面積は急拡大を続けたことがわかる。都市の外皮としての窓も拡張してきた。

近代の建造物は、ただそこにあればよいというものではない。それは人間の活動とつながっている必要がある。そうでないと廃墟と見なされてしまう。窓は、背後に潜む人間活動を表示する象徴として重要な位置を占めてきた。窓はあたかも「目」のような存在だった。だが、人口が減少に転ずるとき何が起こるか。放置される窓、夜でも暗いままの窓、割れた窓。皮肉なことに、窓は人間活動の「喪失」の象徴となる。

図　建物延床面積・人口・都民所得の推移（東京都、1995=100）

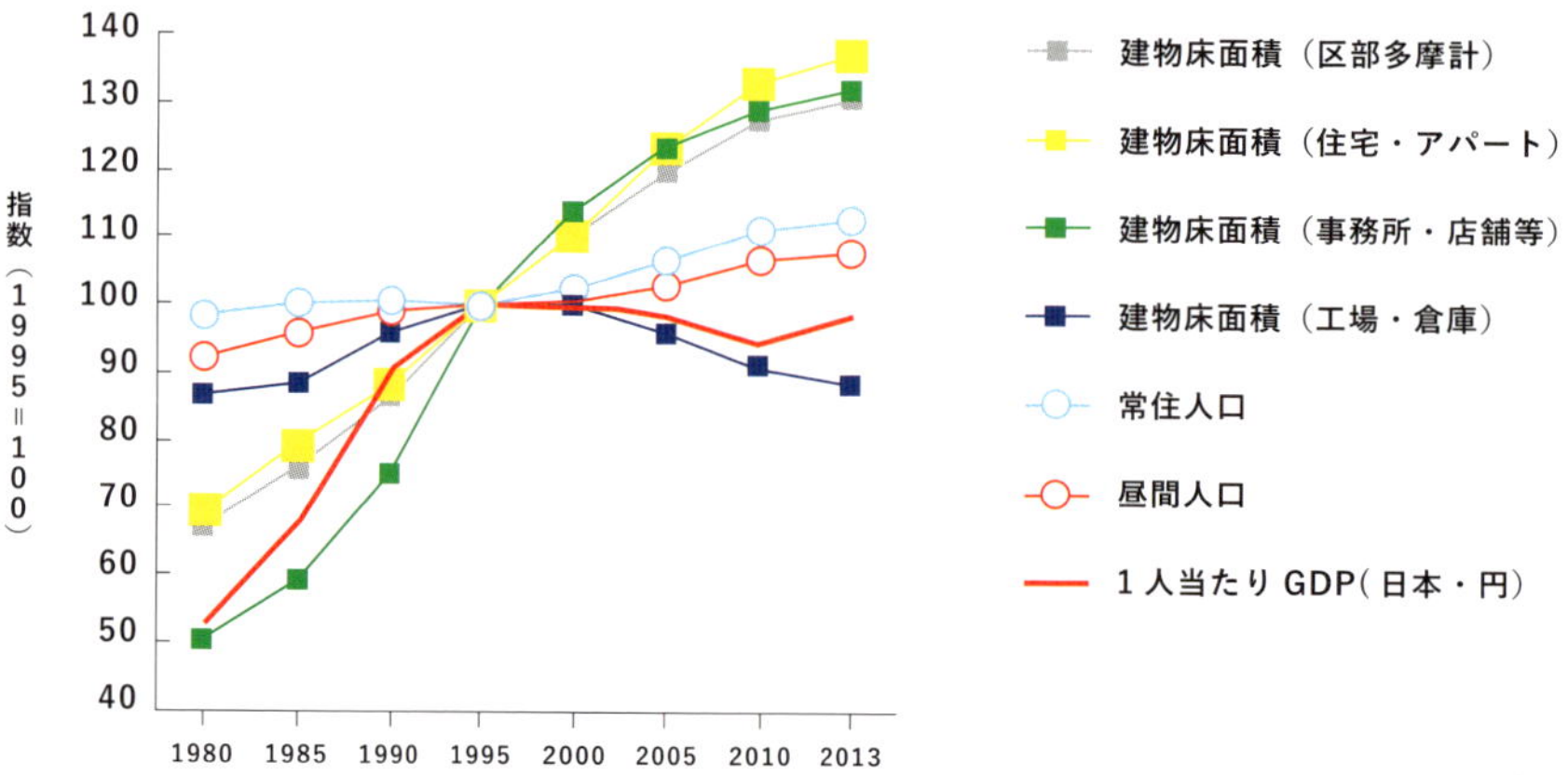

資料：東京都『東京の土地』、『東京都の昼間人口』、『都民経済計算統計表』各年版ほか

「幸せ」な窓の時代は終わってしまったのか？

変動期の窓は、私たちにいろいろな課題を教えてくれる。

第一に、窓は「縮小社会」を先取り的に映し出す。長崎県の離島を訪れたときのことだった。かつて1万8千人が暮らしていた炭坑の島にいまは400人しかいない。アパートはほとんど解体され、残された住宅にも空き家が目立つ（写真）。閉ざされた窓は、「縮小」のかたちを模索する日本にどんな問いを投げかけているか。

第二に、「守りやすい」空間はしばしば「窓」を失い「要塞」に似てしまう。ショッピングモールのような管理された「安全・安心」な場所はたしかに居心地がよい。しかしこうした建物を外から眺めると、窓のない要塞や刑務所に似てくる。

第三に、「無窓」化する室内でも「窓」が偽装されることがある。たとえば、「青空」を映し出す窓状のディスプレイが用意された密室に出会ったことはないだろうか。窓のイリュージョンは、しばしば実際の窓よりも美しい。

窓のレジリエンス ——それでも「窓」には意味がある

窓はもう必要ないのか。東日本大震災直後の計画停電のときのことだった。多くの店が休業するなかで、大きな開口部（窓）をもつ店舗はなんとか営業を続けていた。

レジリエンスという表現がある。イリュージョンではない本物の窓には、室内と外界をつなぐ回復の力が備わっている。危機においてこそ、窓の原初的な力を多面的に検討する必要がある。窓のない社会をつくらせないためにも。

写真　長崎県高島の旧炭坑住宅

島根県畑地区、乾燥柿小屋の窓。毎年秋になると、小屋の窓は開け放たれ、風を通す２階の部屋に柿が吊される。窓が干し柿づくりを支える風景 （→ 126 ページ）

CHAPTER

07

伝統とともに働く窓

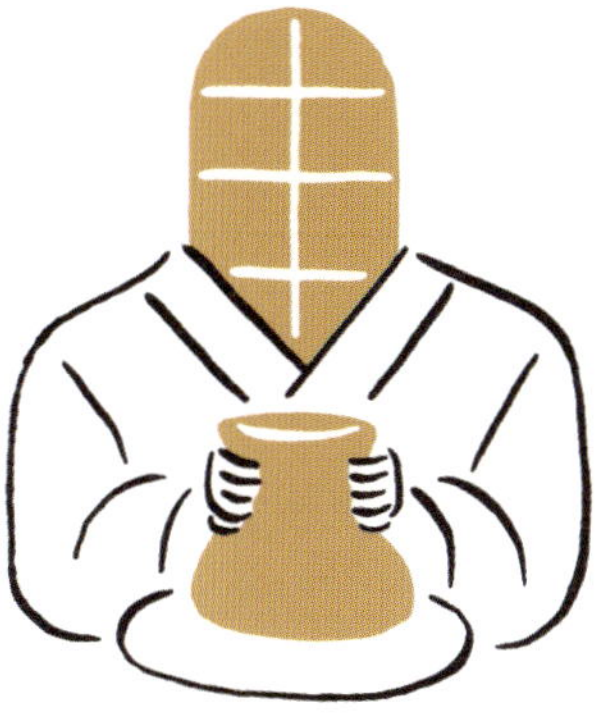

茜色に輝く柿乾燥小屋の窓

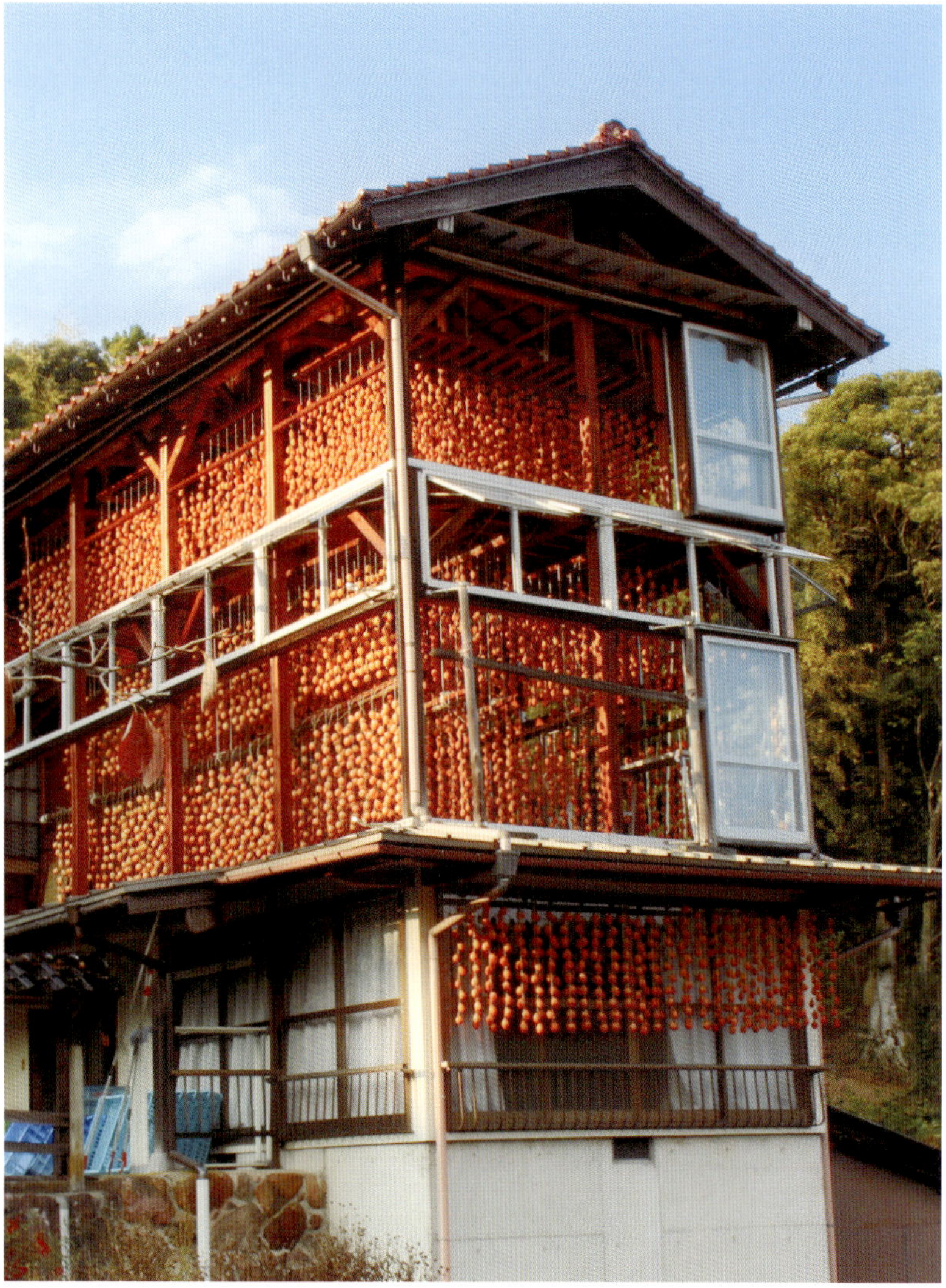

写真1　アルミサッシを改造して窓を開け放ち、柿を干している様子

島根県松江市の東部に位置する畑《はた》地区での干し柿づくりの歴史は古く、一説によると500年以上前の戦国時代にはすでに生産が始まっていたとされています。この地域には「柿乾燥小屋」と呼ばれる建物があります（写真1）。

柿を干すため、自分たちで窓をつくる

畑地区の柿小屋は、干し柿づくりのために年に数か月だけ使われるものです。上階の室内に風を通して柿を干すために、ガラス窓が脇の戸袋の中に収められるようになっています。

通風のため、できるだけ開口部を大きく確保するようにされているのです。この仕組みは木製建具でつくられたものなら、よくみられますが、既製のアルミサッシを使った場合でも使い手が自分たちで窓をカスタマイズしているのには、非常にたくましい印象を受けます。

干し柿づくりに欠かせない風を通す窓

この地域は標高150〜200メートル

写真2　畑地区には木枠の柿小屋もある。木枠窓もすべて戸袋に収納ができるつくり

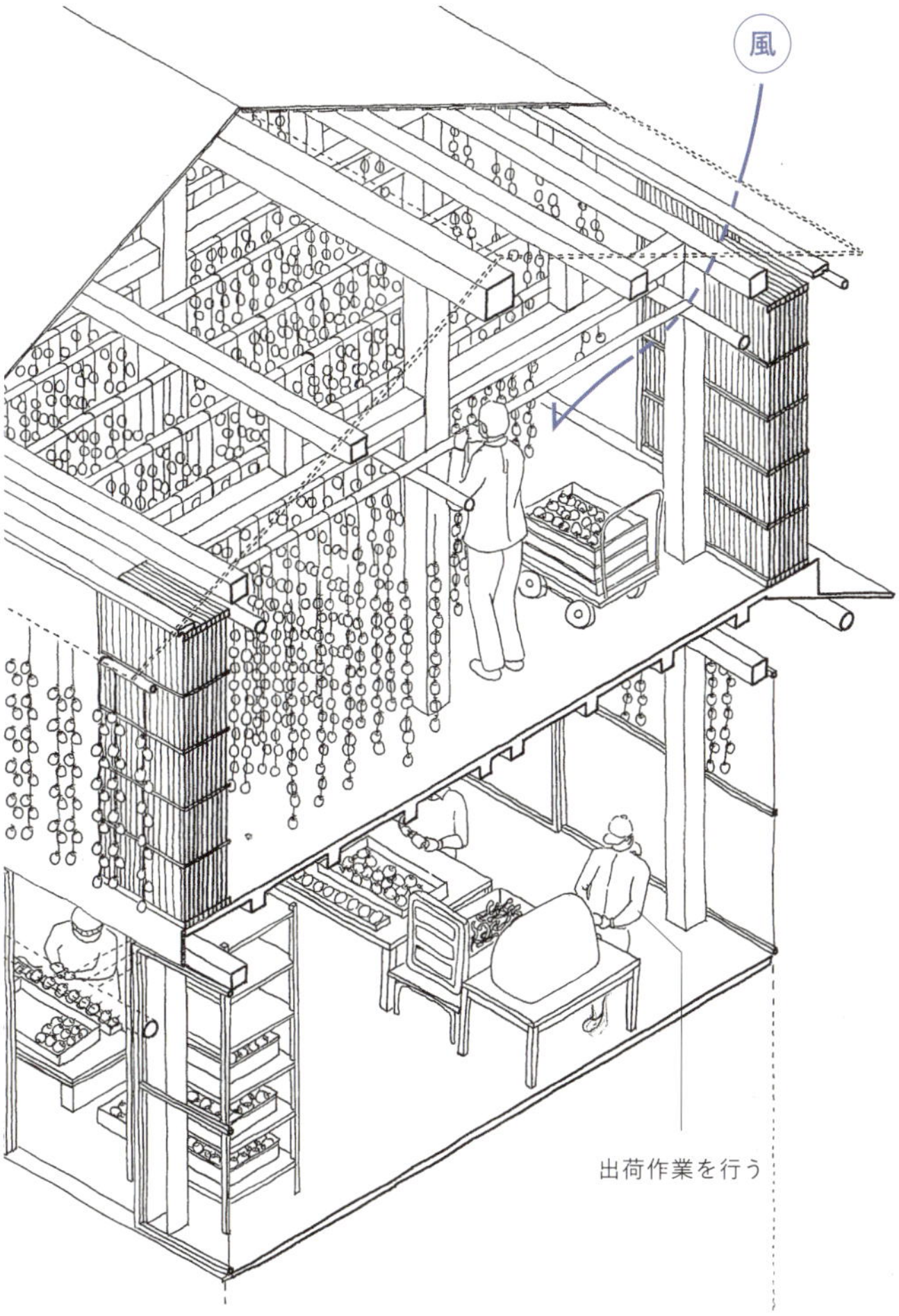

図　風を通す柿小屋の仕組み

の山間に位置し、冷涼で乾燥した空気が流れ込むため、干し柿の生産に適しています。毎年2階の作業場では、柿の皮剥き作業と紐を結ぶ作業が行われます（図）。

その後、出荷の最盛期となる正月へむけて、11月頃から室内の梁などに柿を吊り下げ、風を通して乾燥させるためにガラス窓をすべて開放します（写真2）。

干し柿の生産が行われるのは、柿の実がなり、収穫できるようになる秋から冬にかけての短い期間だけです。柿乾燥小屋は、年間を通して稼働させる必要がないので、機械などの設備に頼らずに、自然の風を利用して生産が行われているのです。

晩秋には、あちらこちらの小屋が茜色に染まり、この集落の風景を彩ります。

藍染めを支える障子と無双窓《むそうまど》

写真1　日下田紺屋の作業場。床の土間には整然と藍甕が埋め込まれている。正面が、障子を取り外し無双窓も開放した開口部

写真2　障子を取り外しているところ

写真3　無双窓の開閉

工場制機械工業の導入によって、手仕事は機械生産に置き換えられていきました。伝統工芸の作業場や工房では、太陽から届けられる光や熱、乾燥させるための風が、ものづくりの資源として活用されています。多くのものづくりでは、物質の熱的、化学的変化を利用しており、そこに働く職人の、自然現象を察知する鋭敏な感受性が生かされています。

デリケートな発酵をサポートする2種類の窓

江戸寛政年間から続く栃木県益子町《ましこまち》の藍染めの染織工房・日下田《ひげた》紺屋《こんや》の建物もそのひとつです（写真1・図）。藍染めは、植物の藍を用いて綿糸を染める古くからの技法ですが、日下田紺屋で用いられる染料は、蓼藍《たであい》の葉を発酵させてつくる「すくも」に石灰と湯を入れて撹拌し、さらに発酵させてつくられます。発酵の工程はとてもデリケートで、適切な温度の維持とpH（酸性〜アルカリ性を示す指標）コントロールが要求され、通風と換気が欠か

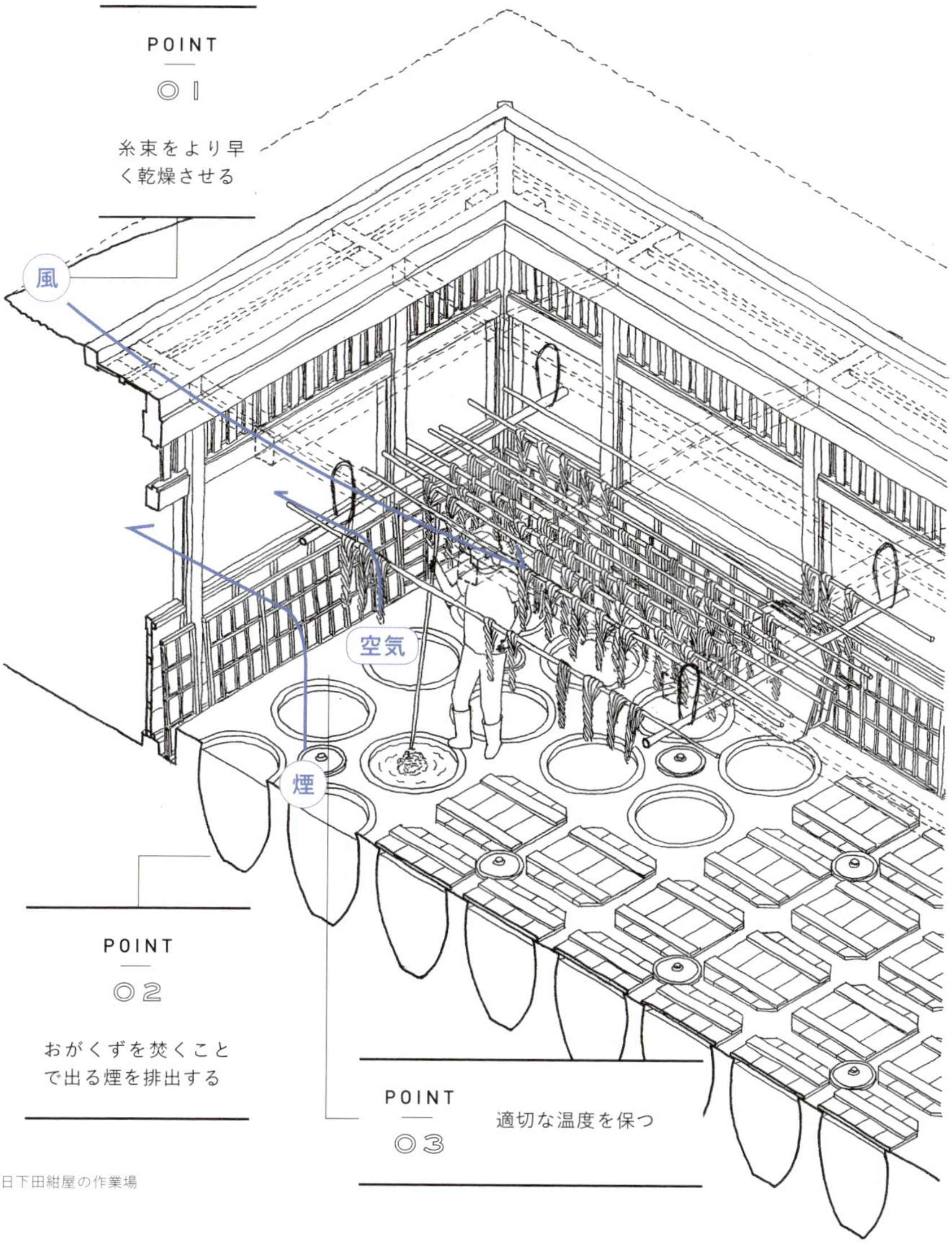
POINT
01
糸束をより早く乾燥させる
風
空気
煙
POINT
02
おがくずを焚くことで出る煙を排出する
POINT
03
適切な温度を保つ

図　日下田紺屋の作業場

せません。

冬場は、藍が自然発酵するには気温が低すぎるため、土間に規則正しく並べて埋め込まれた藍甕《あいがめ》のあいだ（4つの藍甕の中央）に火床を埋め、おがくずを焚いて温度管理を行います。その際には、発生する煙の排出も行わなければなりません。このため作業場の窓には、取り外し可能な障子と無双窓（写真2〜4）が取り付けられています。

自然を最大限に生かす

夏は、障子を取り外すことで排熱や排煙を行っています。これにより天井付近に掛けた藍染め途中の糸束が、より早く乾燥します。

冬は障子を閉めて寒さを防ぎ、無双窓を開けて、火床からの煙を外に排出します。

開け閉めと開き具合の調整によって、藍の発酵を制御するこれらの窓は、自然のふるまいを最大限に生かす制御装置として、伝統産業のなかで働き続けているのです。

写真4　夜間は引き上げ式の板戸を閉める

風をとらえる海辺のブロック窓

写真１　採かんタワーの内部。ポンプでくみ上げられた海水が吊るされた竹からしたたり落ちる

写真２　海に面してそびえ建つ。左が採かんタワー１号機、右が２号機

沖縄県粟国島《あぐにじま》の最北部に位置する沖縄海塩研究所の採《さい》かんタワーは、常に海水や海風に晒される厳しい環境のなかで、寡黙に佇む姿が印象的な建物です。

採かんタワーは、くんできた海水の濃度を上げるための施設で、塩をつくる最初の工程で大きな役割を担います。タワー内部を循環する海水は何度も風にさらされることで少しずつ塩分濃度が高められます。

１９９４年に海塩研究所がこの地に根を下ろしたあとに建てられたこの採かんタワーは、現在まで粟国の塩づくりに貢献してきました。

コンクリートブロックの隙間を通る海風

高さ約10メートルにも及ぶ採かんタワーは、海に面したとても眺めがいい場所に建っています。大きな台風にも耐える必要があるので、採かんタワーは丈夫な鉄筋コンクリート造でつくられます。柱・梁の間にはコンクリートブロックがはめ込まれています。

になるまで繰り返す

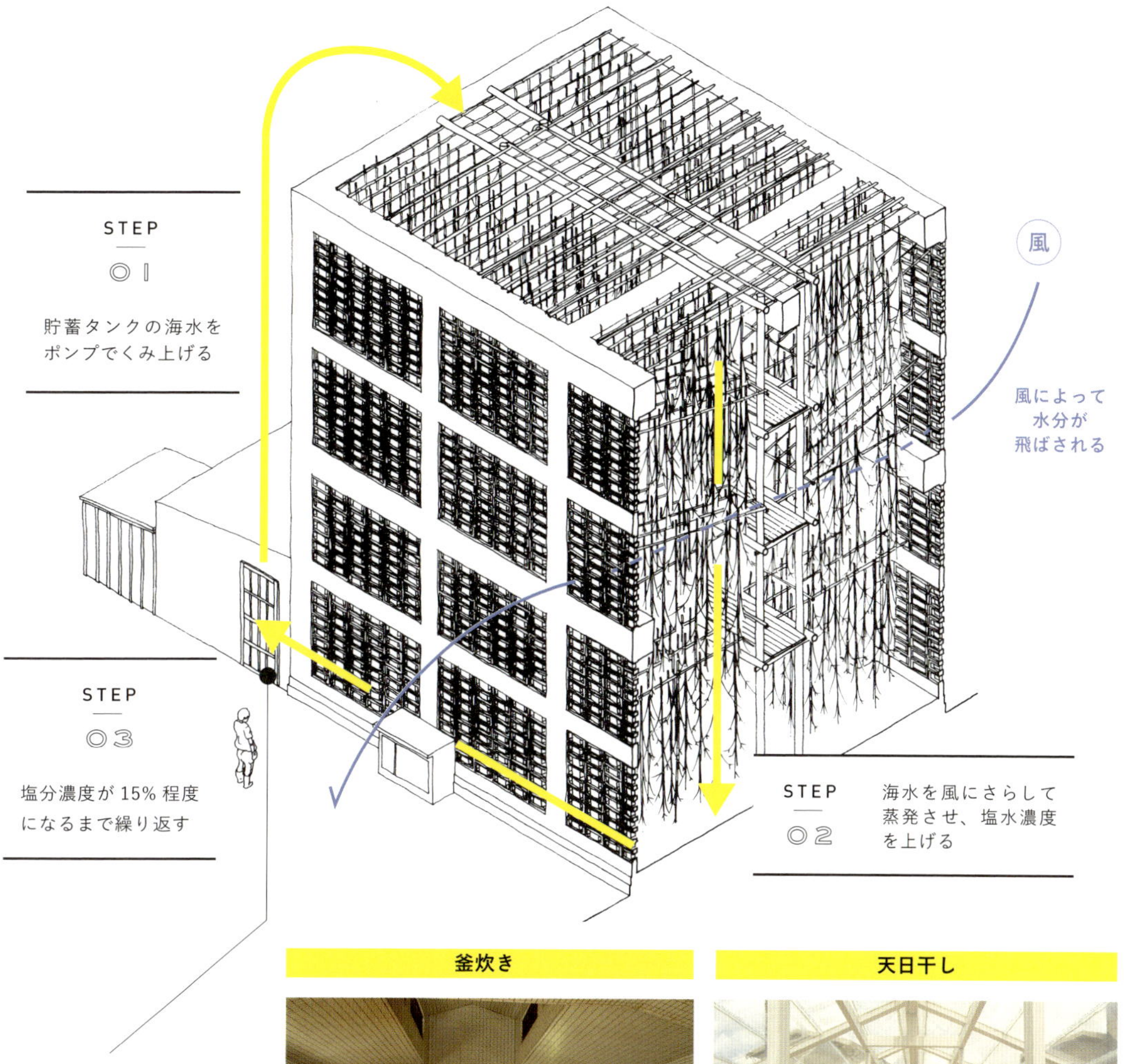
海水を風にさらして
蒸発させ、塩水濃度
かん水（塩分濃度
20%前後）は釜炊き、
製塩される

釜炊き

天日干し

壁面の孔あきコンクリートブロックは、タワー内に風を通す窓の役割を果たします。果たしてこれは「窓」なのか、という疑問も少しありますが、風を取り入れるという意味では窓に違いはなく、「働く千の窓」としてとらえています。

海水から塩をつくる仕組み

採かんタワーの目的は、目の前にある海水を汲んできて、その水分を蒸発させて塩分濃度を高めることにあります。タワーの内部には、沖縄県恩納村《おんなそん》で採れた孟宗竹《もうそうちく》（約15000本）が逆さまに吊るされ、ポンプで汲み上げられた塩分濃度3%の海水が上から垂らされます。海水は竹をつたってしたたり落ち、そこへ吹く風によって水分を蒸発させます。

こうして、自然の力が海水の塩分濃度を高めます。下に溜まった海水を再びポンプでくみ上げてさらに蒸発を繰り返すと、海水の塩分濃度は最大で15%程度にまで上がります。塩分が凝縮された海水は研究所内の小屋に移され、釜炊き、もしくは天日干しで製塩されます。釜炊きは、床・壁・天井に不純物がつきにくいタイル張りになった小屋で、薪を火力に行われます。また、アクリルで覆われた天日干し小屋は、太陽光を集めて夏場は70℃を超える室温で塩を析出します。

貯蓄タンクの海水を

地元にあるもので、人間の生活に欠かせない貴重な塩をつくる、すばらしい仕組みです。

特別な日だけ現れる祭りの窓

写真1　2階の窓とつながる曳山の様子。町内にはいくつかの会所がある

写真2　普段は床下にしまわれている桟橋

毎年恒例の祭りが行われる地域では、通りを練り歩く山車《だし》や踊りを眺め、飾りやしつらえが加えられる特別な窓がつくられることがあります。現代では、そうした窓にお目にかかる機会は少なくなっていますが、なかにはハレの日を彩る洗練された窓も存在します。ここでは、伝統的な祭りが生活の一部であることを示す「祭りの窓」を紹介しましょう。

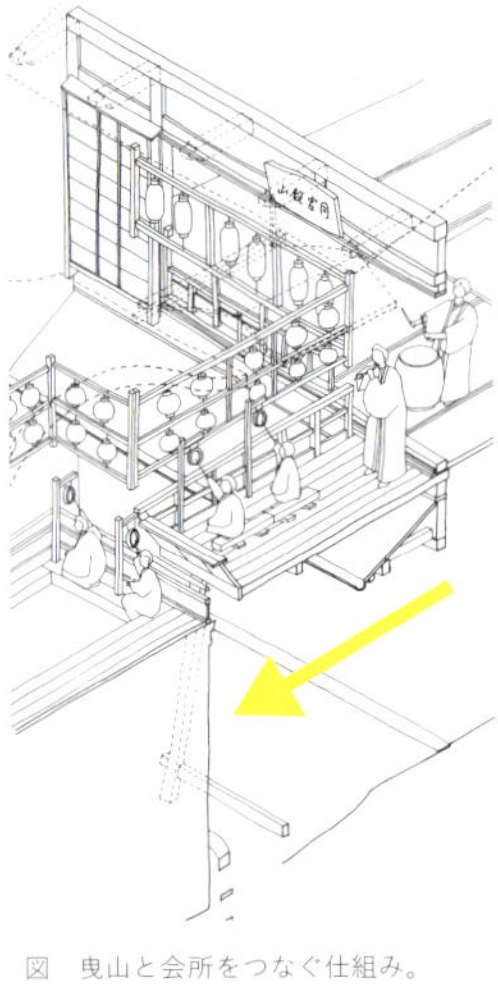

図　曳山と会所をつなぐ仕組み。演者は会所から出入りする

桟橋でつながれる曳山と会所の窓

滋賀県大津市で毎年開催される大津祭りでは、上京町会所の2階の窓に、「曳山《ひきやま》」が桟橋で接合されます（写真1・2・図）。曳山に乗ってい

写真3　伝統的な商人屋敷の塀。日野祭の時期はささら戸を外し、赤い毛氈をかけることで桟敷席に変わる

る人は、渡された桟橋を渡って室内を出入りします。普段、桟橋は2階の床下に収められていますが、祭りの時だけ引き出され、道路に建つ仮設の柱脚が桟橋を支えます。山車と窓の桟をつなぐので、備えつけの障子や欄干の一部は取り外され、軒先には提灯《ちょうちん》が灯されます。会所の窓は年に一度の祭りの装いへと変化するのです。

塀の窓が桟敷席《さじきせき》になるハレの日

滋賀県の日野町では、毎年5月の日野祭の時期になると、本町通り沿いの家々の塀に赤い毛氈《もうせん》が垂れ下がり、「桟敷席」という特徴的な窓が姿をあらわします（写真3）。桟敷席は歴史的にみると、大名・商人が客人を招いて屋敷から山車の巡行を眺めるために設けられたもので、この地域では伝統的な家屋だけでなく木塀やモルタル壁、ハウスメーカーの戸建て住宅の塀にも設けられています。

江戸時代に建てられた屋敷を囲む塀は、普段は「ささら戸」という格子で閉じられていますが、祭りの時は外され、そこに赤い毛氈と簾《すだれ》がかけられます。観客は縁側が庭へ延長するように設けられた桟敷席から塀の窓越しに、祭りの様子を眺めます。

「祭りの窓」は、街と建物の関係をより近づけ、日常と異なる距離感を生み出します。非日常を演出する窓からは、祭りを存分に楽しもうとする人々の意気込みが伝わってきます。

MADOGAKU COLUMN 03

メディアとしての窓 ―なぜ窓越しに眺めることは楽しいのか

浜日出夫
社会学者
慶應義塾大学教授

メディアとしての窓

私たちは窓越しに景色を眺めることが好きです。新幹線や飛行機、カフェでも窓側の席に人気がありますし、会議中や授業中でもつい窓の外に目が行ってしまうことがあります。なぜ窓越しに眺めることは楽しいのでしょう。

「メディア（media）」とは人間と対象の間に立って、対象についての経験を媒介（mediate）するもののことです。この意味では、窓もまたメディアです。窓もまた人間と人間の間に立って人間と人間の間の関係を媒介しますし、人間と対象の間に立って対象についての経験を媒介しています。ガラス窓は透明なので、私たちはガラス窓が間にあってもなくても同じものを見ていると考えています。しかし実は、ガラス窓が間にあるのとないのとでは、私たちは違うものを見ている、あるいは同じものを見ているけれども同じものについて異なる経験をしているのです。

窓と扉

社会学者のジンメルは扉と比較しながら窓の特徴を2つ挙げています（図）。扉も窓も家の内と外を分離したり結合したりする点では同じです。しかし、扉が作り出す内と外の結合が双方向的であるのに対して、窓が作り出す結合は内から外への一方向的なものです（「窓は外を見るためのもので、内を覗くためのものではない」）。また、扉は身体全体で通過するのに対して、窓を通過するのは視線だけです（「目のための通路」）。

扉は閉じられているか開かれているかどちらかであり、それに応じて内と外は分離されているか結合されているかのどちらかです。しかし、窓は内と外を分離したままで、視線を内から外へと通過させることによって、内と外を結合します。内に居ながらにして外を眺められるというところに、窓というメディアの最大の特徴はあり、窓越しに見ることの楽しさもこのことにかかわっています。

パノラマ的知覚

窓が人間と対象の間に入ることによって作り出される知覚を「パノラマ的知覚」と呼ぶことができます。私たちが車窓から風景を眺めるとき、近景は次々に飛び去り知覚されません。その結果、私たちは自分が眺めている風景から切り離されます。

こうして生まれる、対象を自分から切り離して眺める知覚が「パノラマ的知覚」(シヴェルブシュ)です。新幹線から富士山を眺めたり、スカイツリーの展望台から下界を眺めることが楽しい理由の一つはこのパノラマ的知覚が与える快楽にあります。

そして、窓が人間と人間の間に挟まるときにも、窓の持つパノラマ的な効果が働きます。窓が間に入ることによって人間が対象から切り離されるように、窓越しに人間を見るとき、見ている人間は見られている人間から切り離されます。

私たちは自動車の中から歩行者を見るとき、歩いているときにはけっしてしないような不躾《ぶしつけ》なやりかたで歩行者を観察しないでしょうか。カフェの窓際の席から道行く人を眺めるのが楽しい理由の一つは、窓が間に入ることによって気兼ねなく通行人を観察できることにあるでしょう。

図　ジンメルの扉と窓のはなし

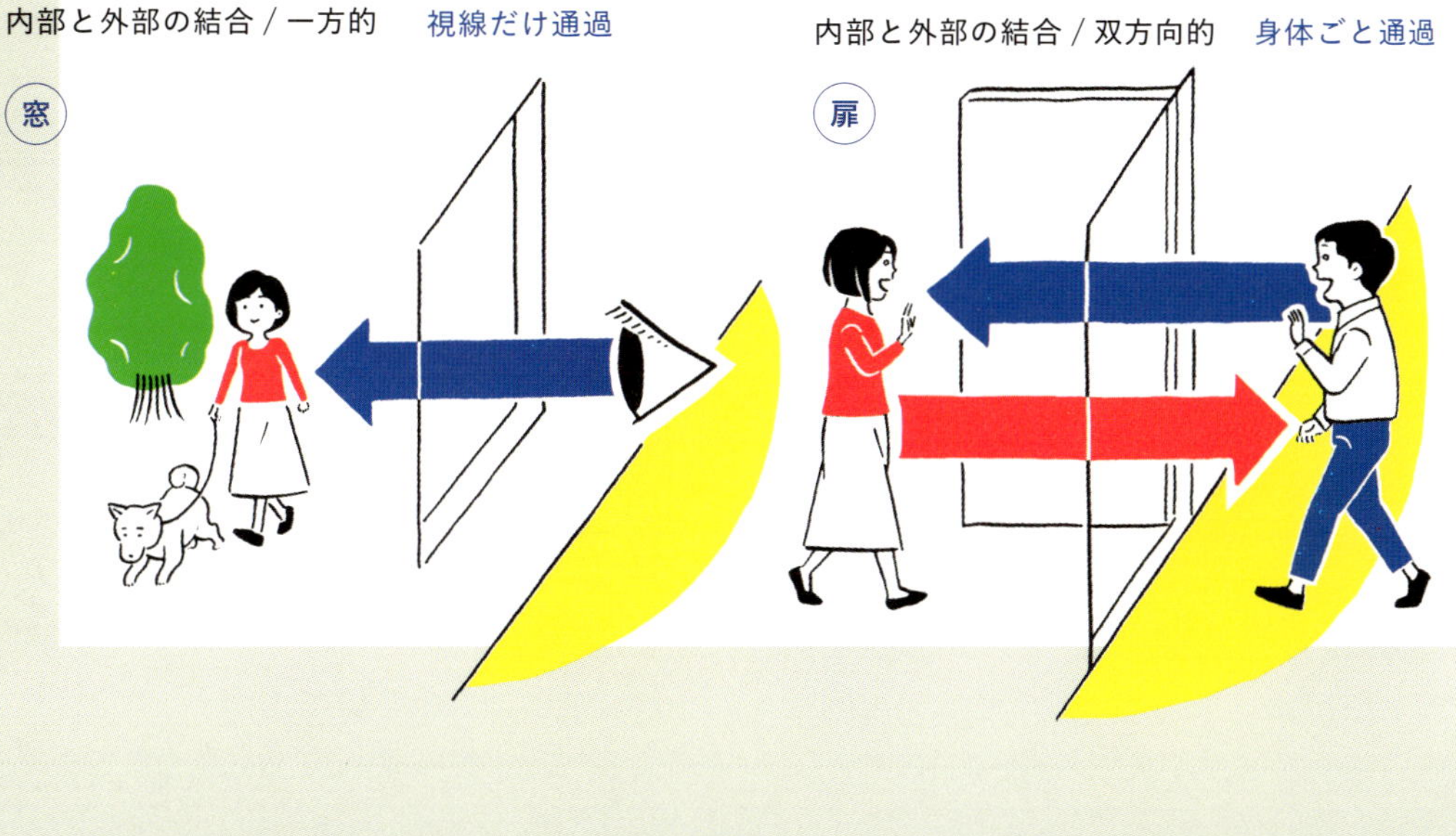

監修

五十嵐 太郎
Taro Igarashi

—

東北大学大学院教授

1967年パリ生まれ。1990年東京大学工学部建築学科卒業。1992年同大学院修士課程修了、博士（工学）。現在、東北大学大学院教授。あいちトリエンナーレ2013芸術監督、第11回ヴェネチア・ビエンナーレ建築展日本館コミッショナーを務める。第64回芸術選奨文部科学大臣新人賞。著書に『被災地を歩きながら考えたこと』（みすず書房）、『窓へ 社会と文化を映しだすもの』（日刊建設通信新聞社）、『窓と建築の格言学』（フィルムアート社）ほか多数。

—

P.050-074, 110-121

伊香賀 俊治
Toshiharu Ikaga

—

慶應義塾大学教授

1959年東京都生まれ。早稲田大学理工学部建築学科卒業。1983年同大学院修士課程修了。日建設計 環境計画室長、東京大学助教授などを経て、2006年より現職。主な研究課題は、低炭素性・健康性・知的生産性・震災時生活業務継続性のコベネフィットに関する研究。著書に『熱中症の現状と予防』（杏林書院）、『LCC M住宅の設計手法』（建築技術）、『最高の環境建築をつくる方法』（小社）ほか。

—

P.092-099, 106-108

塚本 由晴
Yoshiharu Tsukamoto

—

東京工業大学大学院教授

1965年神奈川県生まれ。1987年東京工業大学工学部建築学科卒業。1987～1988年パリ建築大学ベルビル校（U.P.8）。1992年貝島桃代とアトリエ・ワン設立。1994年東京工業大学大学院博士課程修了、博士（工学）。2015年より同大学院教授。2003・2007・2016年ハーバード大学大学院客員教授。2007・2008年UCLA客員准教授。2011～'12年デンマーク王立アカデミー客員教授。2011年Barcelona Institute of Architecture客員教授。2012年コーネル大学Visiting Critic。2017年コロンビア大学GSAPP客員教授。

—

P.012-024, 076-087, 126-133

清家 剛
Tsuyoshi Seike

—

東京大学准教授

1964年徳島県生まれ。1987年東京大学工学部建築学科卒業。1989年同大学院修士課程修了。1999年より現職。著書に『サステイナブルハウジング』（東洋経済新報社）、『ファサードをつくる』（彰国社）など。日本建築学会「JASS16 建具工事」改訂委員や、国土交通省の建築工事監理指針「建具・カーテンウォール分科会」主査など、窓に関連する委員を多数務める。現在は改修・解体技術やリサイクル技術、また建築物の環境影響評価等について研究を行う。

—

P.026-048, 100-105

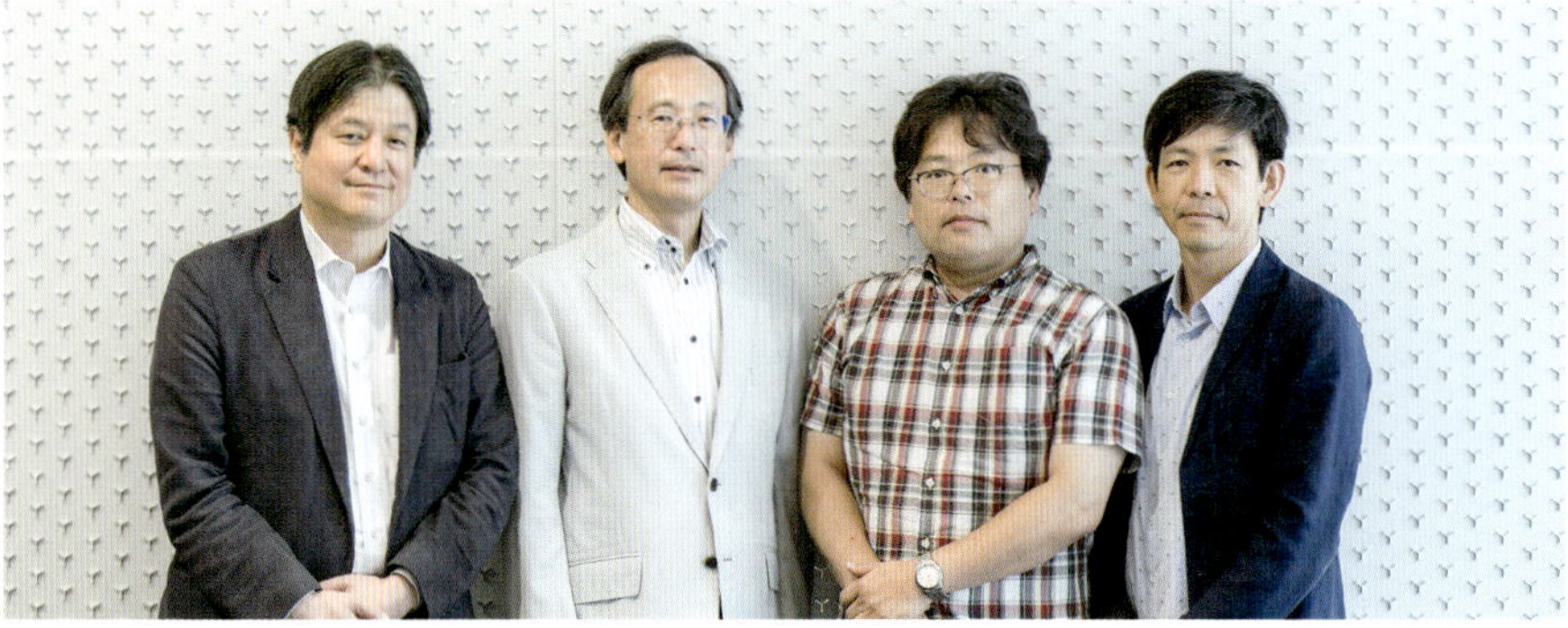

左から、清家剛氏、伊香賀俊治氏、五十嵐太郎氏、塚本由晴氏

協力

佐藤浩司

Koji Sato

—

国立民族学博物館民族社会研究部准教授

1989年東京大学大学院工学系研究科博士課程単位取得退学、修士（工学）。建築史・民族建築学専攻。1981年以来フィリピン、台湾、インドネシア、マレーシア、タイ、韓国などで調査・研究に従事。編著書に『シリーズ建築人類学《世界の住まいを読む》１～４』（学芸出版社）、『2002年ソウルスタイル　李さん一家の素顔のくらし』（千里文化財団）、『ブリコラージュ・アート・ナウ　日常の冒険者たち』（青幻舎）など。

—

P.088-089（寄稿）

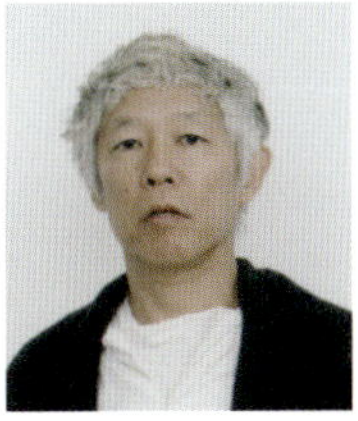

ホンマタカシ

Takashi Homma

—

写真家

2011年から2012年にかけて、自身初の美術館での個展「ニュー・ドキュメンタリー」を日本国内三ヵ所の美術館で開催。著書に『たのしい写真』（平凡社）、写真集多数、近年の写真集にイギリスの出版社「MACK」より刊行したカメラオブスキュラシリーズの作品集『THE NARCISSISTIC CITY』がある。

—

P.006-007,009,010（写真提供）

町村敬志

Takashi Machimura

—

一橋大学社会学研究科教授

1956年北海道生まれ。1979年に東京大学文学部卒業、1984年東京大学大学院社会学研究科博士課程中退（2013年東京大学・博士（社会学））。1999年に一橋大学社会学部教授を経て、2001年より現職。主な著作に、『「世界都市」東京の構造転換—— 都市リストラクチュアリングの社会学』（東京大学出版会、1994年）、『越境者たちのロスアンジェルス』（平凡社、1999年）、『開発主義の構造と心性——戦後日本がダムでみた夢と現実』（御茶の水書房、2011年）など。

—

P.122-123（寄稿）

浜日出夫

Hideo Hama

—

慶應義塾大学文学部教授

1954年福島県生まれ。1980年大阪大学大学院人間科学研究科博士後期課程中途退学。新潟大学・筑波大学を経て、現在、慶應義塾大学文学部教授。専門は、社会学説史・知識社会学。主な著書、代表作に『社会学』（共著、有斐閣、2007年）、『被爆者調査を読むーヒロシマ・ナガサキの継承』（共編著、慶應義塾大学出版会、2013年）、『社会学の力』（共編著、有斐閣、2017年）など。

—

P.134-135（寄稿）

おわりに

「窓学」はさまざまな研究分野に散在する窓の知見を、学際的な視点で発掘し、その研究の成果を社会へと還元していこうという試みです。成果蓄積に伴い、一部の研究内容は個別に書籍化されたものの、「窓学」として複数の分野にまたがる研究成果を一冊にまとめた書籍は存在しませんでした。２０１７年、窓学は10周年を迎えました。10周年を機に、このユニークな試みを一冊の書籍としてまとめたいと思い立ちました。

窓研究所の思いに応え、お忙しい中インタビューや監修に度々ご協力くださいました伊香賀俊治先生、五十嵐太郎先生、清家剛先生、塚本由晴先生、本当にどうもありがとうございました。またすてきなグラビア写真をご提供いただきましたホンマタカシさん、コラムをご寄稿いただきました佐藤浩司先生、浜日出夫先生、町村敬志先生にも感謝申し上げます。そして「専門外の方にもわかりやすく」というところに大いに力を注いでくださいました楠田博子さん（エクスナレッジ）、市川幹朗さん、齊藤尚美さんにも厚く御礼申し上げます。

本書を通じ「窓学」の楽しさ、窓のおもしろさを知っていただければうれしく思います。

ＹＫＫ ＡＰ株式会社 専門役員 窓研究所所長

山本絹子

窓研究所

「窓は文明であり、文化である」という思想のもと、2013年に「窓研究所」が設立されました。窓に関する専門知識を収集・保存し、窓の未来を創造する研究を行うとともに、高品質な情報を社会へと発信しています。www.madoken.jp

窓研究所
WINDOW RESEARCH INSTITUTE

窓学

ＹＫＫ ＡＰが複数の有識者とともに2007年より取り組む、窓を学問として多角的に探求する研究活動です。窓を歴史的、文化的に位置づけると同時に、その意味や役割を見極め、窓の新たな魅力や可能性を提示することで、よりよい建築、都市、社会づくりに貢献することを目指し活動しています。

窓学

特別協力｜能作文徳（建築家、東京工業大学建築学系/助教
p.14-15, 18-19, 78-79, 82-83, 84-85, 128-129）
デザイン｜五木田裕之（ITSU）
イラスト｜白井匠（白井図画室）
撮　影｜白石和弘（Cover, p.141）
高橋マナミ（p.22, p.46, p.72, p.106, p.136）
トレース｜堀野千恵子（p.21, p.68）
編集協力｜市川幹朗、菊地尊也、椚座基道、齋藤尚美、塚本晃子
取材協力｜日本板硝子株式会社、日本郵便株式会社

写真・画像提供

—

p.012-021, p.023-024, p.076-087, p.090, p.124, p.126-133 ｜東京工業大学 塚本由晴研究室
p.031（左、中）, p.032, p.043, p.044 ｜ YKK AP 株式会社
p.031（右）｜機能ガラス普及推進協議会／板硝子協会
p.039, p.048, p.105 ｜東京大学 清家剛研究室
p.050 ｜首藤光一 / アフロ
p.051 上｜五十嵐太郎
p.051 下｜京都国立博物館
p.053 上｜荒牧万佐行
p.053 下｜彰国社写真部
p.055 左｜ Photononstop/ アフロ
p.055 右｜ Alamy/ アフロ
p.056 ｜ Alamy/ アフロ
p.059 下｜国立国会図書館
p.061 上｜アフロ
p.061 下左｜ Artur Images/ アフロ
p.061 下右｜ Alamy/ アフロ
p.064 ｜椚座基道
p.066 上｜アフロ
p.066 下｜ Alamy/ アフロ
p.068 ｜アフロ
p.069 左上｜ SIME/ アフロ
p.069 左下｜ Alamy/PPS 通信社
p.070 ｜ PPS 通信社
p.071 上｜読売新聞 / アフロ
p.071 下｜広瀬雅信 / アフロ
p.073 右｜ Universal History Archive/PPS 通信社
p.074 ｜ Alamy/PPS 通信社
p.110 ｜ Alamy/PPS 通信社
p.111 ｜ Bridgeman Images/PPS 通信社
p.112 右｜ Bridgeman Images/PPS 通信社
p.112 左｜ Bridgeman Images/PPS 通信社
p.113 上｜ Bridgeman Images/PPS 通信社
p.113 下｜アフロ
p.118 上｜ Album/PPS 通信社
p.123 ｜町村敬志
p.134 ｜浜日出夫

※その他、特記のないものは編集部

窓学関連書籍

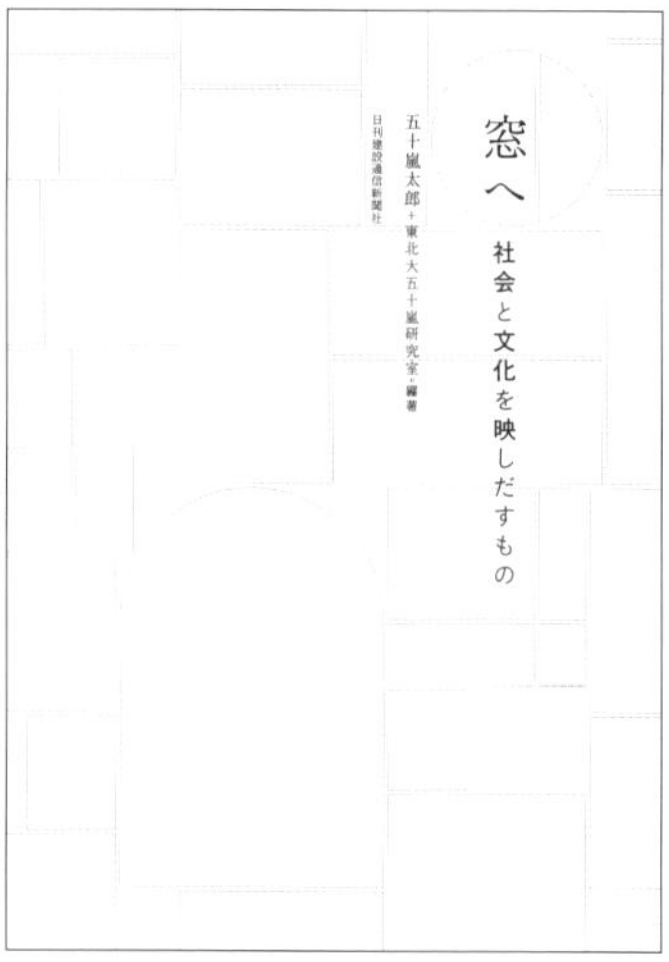

窓へ
社会と文化を映しだすもの

窓を多角的な視点から考察し、60編の論考にまとめた書籍。東北大学 五十嵐太郎研究室の窓学研究成果（2007-2009）をもとに執筆されました。「窓の歴史」、「社会とメディア」、「建築家の窓」、「乗り物」、「美術と映画」の5つのテーマに沿ってまとめられています。佐藤浩司氏、南泰裕氏、暮沢剛巳氏など多彩な執筆者による論考も収録しています。

五十嵐太郎＋東北大学五十嵐太郎研究室＝編著
日刊建設通信新聞社、2013年11月1日発売．
A5判｜221頁｜1,852円＋税｜ISBN978-4-3953-2021-9

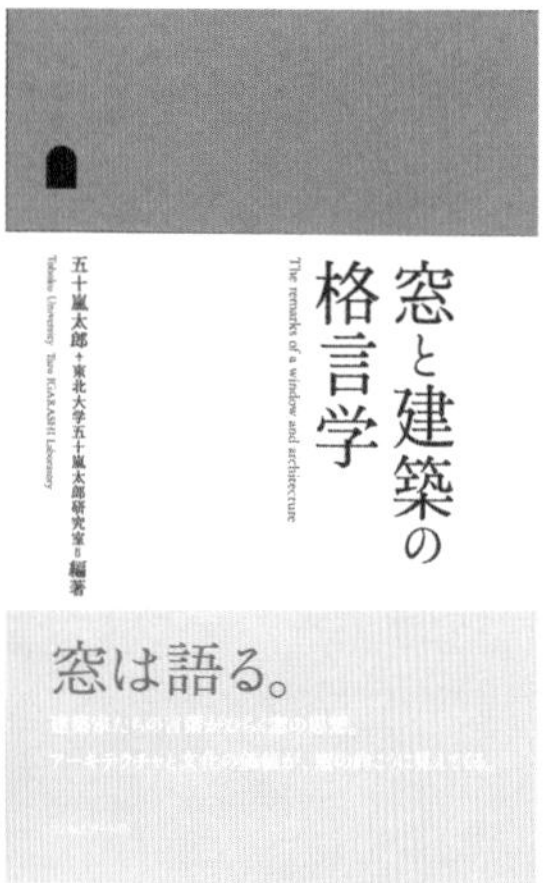

窓と建築の格言学

東北大学 五十嵐太郎研究室による「窓と建築の格言学」（2011）の研究成果をまとめた書籍。ル・コルビュジエ、レム・コールハース、槇文彦など、近現代のさまざまな建築家や建築研究者による窓と建築に関する論考と格言をまとめ、解説を加えています。

五十嵐太郎＋東北大学五十嵐太郎研究室＝編著
フィルムアート社、2014年2月3日発売
B6判変形｜256頁｜
1,600円＋税｜ISBN978-4-8459-1321-3

窓から建築を考える

東北大学 五十嵐太郎研究室による「窓の歴史学」（2007-2009）の研究成果をまとめた書籍。西洋建築、近代建築、日本建築と古今東西に存在する建築部位である窓を起点に、歴史的観点から建築を論じています。言及されている対象の幅は広く、建築の領域を超えて、絵画・写真・現代美術などの文化、技術の歴史に関する論考も含まれています。

五十嵐太郎＋東北大学五十嵐太郎研究室＋市川紘司＝編著、彰国社、2014年6月10日発売
A5判｜288頁｜オールカラー｜
2,600円＋税｜ISBN978-4-395-32021-9

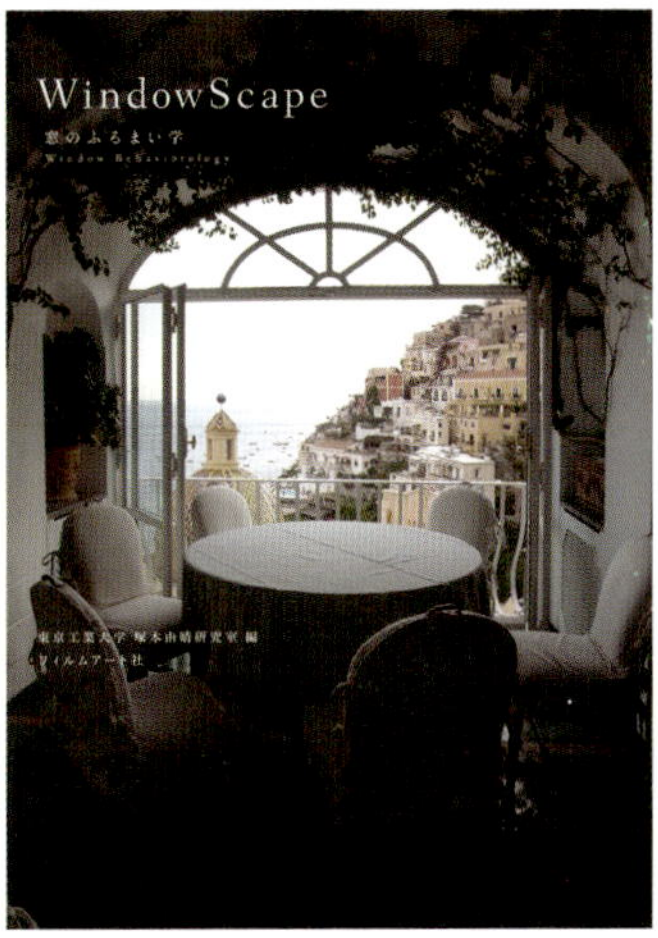

WindowScape　窓のふるまい学

東京工業大学 塚本由晴研究室による「窓のふるまい学」(2007-2009) の研究成果をまとめた書籍。世界中にある美しい窓と、その窓辺での光、風などの自然と人間のふるまいがカタログ的にまとめられています。本書では、窓まわりの図面と写真が見開きにレイアウトされた印象的なページ構成で、28ヶ国の 100 を 超える窓の事例を紹介。日本語版に加え、中国語版 (2011 年)、英語版 (2012 年)、韓国語版 (2015 年) と合わせて 4 言語で出版されています。

東京工業大学 塚本由晴研究室＝編
フィルムアート社、2010 年 10 月 25 日発売
A5 判｜352 頁｜オールカラー｜3,500 円＋税｜ISBN978-4-8459-1058-8

WindowScape 2　窓と街並の系譜学

東京工業大学 塚本由晴研究室による「窓と街並の系譜学」(2010-2012) の研究成果をまとめた書籍。『WindowScape 窓のふるまい学』の続編。建物が立ち並ぶことで形成される「街並」における、窓のふるまいを調査・研究した成果がまとめられています。前作の『WindowScape 窓のふるまい学』とは異なり、横長のフォーマットに横長の街並の立面写真と立面図を掲載。窓と街並を「形態」、「系譜」、「制度」、「生産」の 4 つの観点からとらえ、分析しています。日本語版に加え、中国語版 (2011 年) の 2 言語で出版されています。

東京工業大学 塚本由晴研究室＝編
フィルムアート社、2014 年 2 月 20 日発売
A5 判変形｜288 頁｜オールカラー｜3,200 円＋税｜ISBN978-4-8453-1322-0

WindowScape 3　窓の仕事学

窓のまわりには、光や風などの自然のふるまい、そこに寄り添う人間のふるまいが集中する―世界各地の多様な窓を調査した東京工業大学 塚本由晴研究室による「窓のふるまい学」。その研究成果である『WindowScape』シリーズの第三弾となる本書では、陶芸から塩、食品加工まで、伝統的な手仕事の現場における日本各地の「働く窓」について調査。地域ごとに特色ある手法や独自の価値観をもつ現場における、もの、人、自然、街を相互に連関させる“窓”のあり方を考察しています。

東京工業大学 塚本由晴研究室＝編
フィルムアート社、2017 年 2 月 25 日発売
A5 判｜288 頁｜オールカラー｜2,600 円＋税｜ISBN978-4-8459-1611-5

窓と建築をめぐる50のはなし
Windowology

2017年9月29日　初版第1刷発行

監　修　伊香賀俊治、五十嵐太郎、清家剛、
塚本由晴、ＹＫＫ ＡＰ 窓研究所

発行者　澤井聖一

発行所　株式会社エクスナレッジ
〒106-0032 東京都港区六本木7-2-26
http://www.xknowledge.co.jp/

編　集　Tel：03-3403-1381／Fax：03-3403-1345
mail：info@xknowledge.co.jp

販　売　Tel：03-3403-1321／Fax：03-3403-1829